인도 컨슈머 파워,
새로운 미래를
선점하라

인도 컨슈머 파워,

새로운 미래를 선점하라

투 자 타 임 머 신 , 중 국 에 서 인 도 로

현동식
지음

인도의 미래를 선점하라!

제2의 중국, 글로벌 투자자들이 주목하는 인도 시장의 컨슈머 파워 투자 종목!

★★★
국내 유일
인도 컨슈머
파워 종목 분석!

★★★
인도 시장
미래 투자
트렌드 가이드

★★★
최고 수익을
위한
최상의 시나리오
공개!

★★★
가전, 자동차,
헬스케어!
인도 3대
소비 시장 분석

두드림미디어

프롤로그

인도에서 시작하는
투자 타임머신 2탄

2014년, 중국 리서치 사무소장으로 일한 지 3년쯤 지난 어느 날, 중국국제여행사(601888)를 탐방하러 갔다가 충격적인 경험을 하게 되었다. 그날 이후로 내가 주식을 바라보는 시각은 크게 변했고, 그 변화는 지속적으로 업그레이드되어 이 책을 집필하기에 이른다.

그때 받은 충격은 지금도 생생하다. 중국국제여행사의 IR 담당자가 회사의 면세점 및 여행사 관련 사업을 설명하는데, 한국에서 투자해본 하나투어와 호텔신라의 성장 스토리와 너무 유사한 점을 발견했다. 당시 그 회사는 중국 로컬 투자자들 사이에서 소외된 기업이었지만, 내 눈에는 하나투어와 호텔신라의 성장 초기 모습과 너

무나 비슷해 보였다. 마치 10년 뒤 이 중국국제여행사가 어떻게 성
장할지 눈에 보이는 듯했다.

1990년대 말 한국에서 해외여행이 자유화되면서 한국 사람들에
게 해외여행은 일상이 될 만큼 빠르게 증가했다. 이 과정에서 하
나투어의 주가도 급등을 했다. 내가 중국국제여행사에 탐방을 갔
을 당시, 중국도 해외여행이 본격화되기 시작해 전 세계에 중국인
관광객이 넘쳐나고 있었다. 중국국제여행사의 이야기를 듣는 동안
마치 타임머신을 타고 2000년대 초반 한국 주식시장으로 돌아가
하나투어와 호텔신라의 미팅에 앉아 있는 느낌이었다.

이 일을 계기로 한국에서의 경험을 바탕으로 중국에서 종목을 선
택할 수 있지 않을까 고민하게 되었다. 그 생각을 다듬어 실제 종
목 선택에 적용하면서 이익도 보고 손해도 보며 나만의 투자 전략
을 발전시켜 나갔다.

전략을 다듬는 과정에서 또 한 번 충격을 받았다. 하나투어와 호
텔신라의 주가가 10여 년간 수십 배에서 백 배 이상도 상승했다는
점이었다. 한국에서 펀드 운용할 당시 그 주식에 투자해 두세 배
수익을 보고 만족했었는데, 백 배 이상이 될 수 있었던 것을 두세
배로 만족한 것이 못내 아쉬웠다. 상장 주식으로도 조금만 더 길게
바라보고 투자했다면 훨씬 더 큰 수익을 올릴 수 있었을 텐데, 이
런 사실을 뒤늦게 깨달은 것이 너무나 아쉽고 부끄러웠다.

그 후로 나는 본격적으로 중국에서 한국의 과거 모습을 찾기 위해 노력했다. 한국의 발전 과정에서 '구조적으로' 성장할 수밖에 없었던 기업들과 가장 높은 주가 상승을 보인 대박 종목들을 찾아본 뒤, 중국에서 이와 유사한 회사를 다시 찾아보려 했다(이런 생각으로 시작된 나의 투자 전략을 이 책에서 편의상 '투자 타임머신'이라고 부르기로 한다).

그러던 중 2014년 말, 중국 주식에 외국인들이 자유롭게 투자할 수 있는 후강퉁 투자 제도가 도입되었다. 이 기회를 통해 '투자 타임머신' 전략을 활용해 종목을 선택하고, 10년간 투자해 10배 수익을 올리는 것을 목표로 나의 첫 번째 중국 투자전략 책을 쓰게 되었다. 지금 생각해보면, 당시 전략의 완성도가 부족하긴 했지만, 그 책에서 최우선으로 추천했던 중국국제여행사(601888)는 2014년 초부터 최대 2,277%의 수익률을 기록했고, 융기고분(601012)은 4,803%, 귀주모태(600519)는 2,669% 상승했다. 전체 14개 추천 종목의 평균 상승률은 최대 800%에 달했다.

약 10년이 지난 지금, 동일한 장기 투자 전략으로 큰 수익을 올리는 프로젝트를 다시 시도해 보고자 한다. 이번에는 한국의 경험을 활용하는 대신, 중국의 발전 과정과 투자 경험을 인도에 적용해 장기적 상승이 가능한 종목을 선별하는 전략을 사용할 것이다. 즉 '투자 타임머신 2탄'인 셈이다.

2014년에 발간한 책에서 추천했던 종목들과 새로 발굴한 주식들의 장기 수익률을 분석하며, '투자 타임머신 1탄'의 성공 요인과 보완점들을 생각해봤다. 이를 통해 이번에는 더 체계적인 업종과 종목 선택 프로세스를 적용했다. 또한, 중국의 대표적 성공 종목들의 주가 상승 요인들을 분석해 인도 시장의 종목 선택 기준으로 사용했다. 지난 10년 동안 추가로 축적된 경험과 업그레이드된 투자 전략을 통해 두 번째 시도에서는 더 좋은 성과를 기대해 본다.

어떤 사람들은 중국에서 12년이나 머물렀던 내가 왜 갑자기 인도로 시선을 돌렸는지 궁금해할 수 있다. 이유는 간단하다. 많은 사람들이 인도를 '제2의 중국'이라고 부르고 있기 때문이다. '제2의 중국'이라는 표현은 인도의 현재 상황이 과거 중국의 발전 초기와 유사할 뿐만 아니라, 인도가 중국과 비슷한 성장 궤적을 따라 앞으로도 발전을 지속할 것이라는 의미를 내포하고 있다. 그래서 나는 중국에서의 경험을 바탕으로 인도의 성장 종목을 선택할 수 있다는 생각을 가지고 연구를 시작했다.

10년 전 한국의 경험을 바탕으로 중국의 투자 기회를 찾을 때, 14억과 5천만의 인구 차이, 그리고 공산주의와 민주주의라는 정치 체제의 차이를 가진 두 국가를 동일선상에서 비교할 수 있을지 고민했다. 하지만, 한국과 마찬가지로 중국도 전 세계 공장 역할을 통해 초기 발전을 추구했고, 이를 통해 소득이 늘기 시작하면서 생존을 위한 필수소비에서 더 나은 삶의 퀄리티를 위한 소비로 변화하는 인간의 기본적인 속성에 주목했다.

인도와 중국도 정치체제와 종교 등 많은 차이점을 가지고 있지만, 14억이라는 유사한 인구 구성과 전 세계의 공장 역할을 통해 경제발전을 추구하는 유사성도 많다. 그리고 인도인들도 소득이 늘어나면 더 나은 삶의 퀄리티를 위한 소비를 하는 동일한 인간의 본성을 지니고 있을 것이다. 신분이 브라만인지, 아니면 불가촉천민인지 상관없다. 더우면 에어컨을 틀고 싶고, 좋은 자동차를 타고 싶고, 몸이 아프면 병원에 가고 싶을 것이다. 이를 잘 활용하면 중국의 투자경험이 인도의 종목 발굴에 좋은 이정표가 될 것이다.

결정적으로 인도는 자유경제 체제를 갖추고 있으며, 1875년에 설립된 아시아에서 가장 오래된 증권거래소를 보유할 정도로 자본시장을 오래전부터 경험해온 나라다. 따라서 민간 기업들의 잠재력이 더 잘 발휘될 수 있고, 동일한 기업의 성장이 나오더라도 주식시장이 기업의 가치를 훨씬 더 잘 평가해 줄 것으로 보인다.

이 책에서는 중국 다음의 투자처를 찾고 있는 투자자들을 위해 인도 주식시장에서 더 좋은 성과를 기대할 수 있는 투자전략과 투자상품, 그리고 투자 방법에 대해 차례대로 설명하겠다.

투자 타임머신 2탄,
무엇을 담았나?

　이 책을 끝까지 읽어야 결론을 알 수 있게 하는 것은 바쁜 현대인들에게 효율적이지 않다고 생각했다. 그래서 책의 핵심적인 내용들을 맨 처음에 요약하고, 자세한 이야기는 본문에서 하나씩 다루려고 한다.

　이 책은 인도가 제2의 중국이 될 수 있는지를 분석하는 것으로 시작한다. '제2의 중국'으로서 인도 투자가 의미를 가지려면 이 질문에 대한 답을 먼저 내려야 한다. 결론은 "가능하다"이다. 그 이유는 두 가지로 분석된다.

첫 번째 이유는 미·중 패권 전쟁에 따른 인도의 어부지리 기회 때문이다. 미국이 중국을 견제하기 위해 주도하고 있는 공급망 재편 전략인 리쇼어링, 프렌드쇼어링, 니어쇼어링이 과거 중국이 누렸던 고속 성장 기회를 인도에게 넘겨주고 있다.

두 번째 이유는 중국이 소득 증가와 노령화로 세계의 공장 역할에서 졸업할 때가 되었고, 누군가는 중국의 빈자리를 대신해야 하기 때문이다. 이는 미·중 관계가 개선되더라도 지속될 수밖에 없는 구조적인 원인이다. 세계 공장의 역할이 일본, 한국, 중국으로 이어지다가 이제는 베트남, 인도 등으로 넘어가고 있다. 그러나 인구가 1억밖에 되지 않는 베트남으로는 중국의 14억 인구가 하던 일을 모두 감당하기 어렵다. 따라서 또 다른 14억 인구를 보유한 인도가 중국을 대신할 필수적인 후보가 되는 것이다.

인도가 제2의 중국으로 떠오르면서 인도 주식시장은 꾸준히 상승하고 있다. 인도의 GDP는 영국을 제치고 세계 5위가 되었고, 주식시장 시가총액은 5조 달러를 넘어 홍콩을 제치고 4위로 올라섰다. 그러나 한국 투자자들의 인도 주식투자는 아직도 미미한 수준이다. 개인 투자자들이 HTS 등을 통해 인도 개별 종목을 매매할 수 없고, 펀드나 ETF를 통해서만 투자할 수 있기 때문이다. 이로 인해 증권사들도 인도 주식 리서치에 많은 노력을 기울이지 않으며, 정보 부족 현상도 발생하고 있다. 이는 중국이 후강통을 오픈하기 이전 상황과 유사하다.

정보 부족은 단점일 수 있지만, 남들보다 먼저 투자할 기회가 있다는 점에서는 긍정적인 요소다. 다음 장에서는 인도 주식시장의 개요와 제도, 업종 구성 등 기본적인 부분을 먼저 설명할 것이다. 한국 투자자들이 중국에 지나치게 큰 비중을 투자하고 있는 상황을 지적하며, 이제는 인도 주식시장에 투자할 시점이라는 점을 강조했다. 과도한 중국 투자 비중을 줄이고, 제2의 중국이 될 인도로 일정 부분 배분하는 것이 필요하다.

인도 주식시장에 대한 정보 부족은 '인도 시장은 너무 많이 올랐다'는 막연한 불안감으로 이어지기도 한다. 하지만 꼭 그렇지만은 않다. 인도가 제2의 중국으로 성장한다면, 지난 20여 년간 중국으로 향했던 외국인 투자 행렬이 향후 20년은 인도로 방향을 틀 가능성이 크다. 이는 추가적인 상승 잠재력을 의미한다.

인도에 대한 기본적인 정보를 익힌 후, 본격적으로 '중국 투자 경험이라는 타임머신을 타고 인도의 장기 상승 종목을 찾아내는 전략'을 알아보자.

먼저 해야 할 일은 현재의 인도가 중국의 과거 몇 년과 유사한지를 판단하는 것이다. 현재 인도의 1인당 GDP는 약 2,400달러로, 이는 2006년경의 중국과 유사한 수준이다. 이러한 판단을 바탕으로, 2006년 이후 중국의 1인당 GDP가 12,000달러까지 상승하는 동안 어떤 업종이 평균적으로 가장 높은 주가 상승을 보였는지 분석했다. 2006년 이전과 이후 주가 상승 상위 업종이 달라졌다는 점도 확인할 수 있었다. 2006년 이전에는 철강, 전력 설비, 부동산 같은 인프라 투자 관련 업종들이 상승을 주도했으나, 2006년 이후에는 소비 관련 업종의 주가가 상위권을 휩쓸었다.

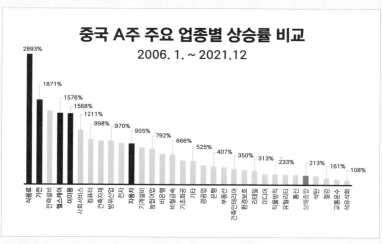

출처: WIND

여러분은 중국의 업종 평균 주가가 상위권을 휩쓸었다고 할 때, 어느 정도의 상승률을 예상하는가? 사실 이 중국의 샘플 종목들의 주가 상승률은 상상을 초월하는 수준이었다. 이것이 내가 다시 책을 쓰게 된 가장 큰 이유 중 하나다.

본문에서는 소비관련 업종들 중에서 인도에서 유사성을 찾을 수 있는 가전, 자동차, 헬스케어 세 가지 업종의 인덱스를 집중적으로 분석할 것이다. 이들 업종은 같은 기간 상해 종합지수가 최대 213% 상승에 그쳤음에도 각각 최대 1,871%, 1,576%, 905%의 상승을 기록했다(배당수익 재투자를 가정한 총수익 기준).

중국 업종	업종 지수 상승폭	중국 업종 주가상승 원동력	중국 업종 주가상승 종목 특성	인도 업종의 유사성	결론
식음료	2893%	중국 고급 백주 수요 증가. 소비 고급화 수혜	마오타이 등 백주회사들만 상승, 기타 식음료 부진	중국 전통주 문화 영향, 인도와 유사성 낮음	제외
가전	1871%	에어컨 등 가전제품 보급률 상승, 판매량/단가 동반상승	업종 내 대표주 및 로컬기업이 주가상승 주도 (브랜드 파워, R&D투자)	인도와 유사성 매우 높음 (소득증가로 수요증가, 대표 종목선정 용이)	선택
헬스케어	1576%	의료보험 가입률 상승 의료지출, 수요, 병원서비스 모두 증가			

중국 업종	업종 지수 상승폭	중국 업종 주가상승 원동력	중국 업종 주가상승 종목 특성	인도 업종의 유사성	결론
이미용	1568%	소득증가로 뷰티수요 화장품, 이미용수요증가	업종 내 종목 간 부침심화. 장기투자 종목선택 어려움	투자가능 인도 종목 발굴 어려움. 모니터링 지속	보류
자동차	905%	자동차 침투율 증가 로컬 기업 점유율 상승	업종 내 대표주 및 로컬기업이 주가상승 주도 (브랜드 파워, R&D투자)	인도와 유사성 매우 높음 (소득증가로 수요증가, 대표 종목선정 용이)	선택

그리고 이 세 가지 업종 내에서 수익률 상위 대표종목 3~4개의 개별 주가 상승률은 최대 182배에서 26배까지 다양한 폭을 보였다. 만약 이들 10개 대표 종목에 동일 비중으로 분산 투자했다면 최대 164배의 수익을 올릴 수 있었다.

심지어 중국 주가가 최고점을 기록한 2007년 10월에 투자를 시작했다고 가정해도, 10개 종목에 분산 투자할 경우 약 30배의 수익률을 기대할 수 있었다. 상해 종합지수는 6,000포인트에서 3,000포인트대로 떨어졌지만, 소비재 업종과 그 업종의 유망 종목들은 여전히 큰 수익을 보였다.

이 10개 종목은 중국 주식을 공부했던 투자자들에게 익숙한 Gree전기, 하이얼 스마트홈, 장성자동차, BYD, 항서제약, 아이얼안과 등이다. 이러한 사례는 중국에서의 투자 경험이 인도의 도플갱어 종목을 찾는 '투자 타임머신' 전략에 큰 도움이 될 것임을 보여준다.

2005년 말 투자 개시 가정 CASE, 총수익 기준 수익률

업종명		시장전체		가전 업종	
종목명	동일비중 PF	상해종합	하이얼전자	Gree전기	수보얼
종목 코드		SHCOMP	600690 CH	000651 CH	002032 CH
시작가 100	100	100	100	100	100
시작 일자	2005-12-31	2005-12-31	2005-12-31	2005-12-31	2005-12-31
최고가	16,433	539	4,539	10,410	6,335
최고가 일자	2021-02-16	2007-10-16	2021-01-25	2020-01-13	2020-07-29
최저가	100	100	100	92	100
최저가 일자	2005-12-30	2005-12-30	2005-12-30	2006-03-08	2005-12-30

업종명	자동차 업종			헬스케어 업종			
종목명	장성자동차	BYD	화위자동차	항서제약	운남백약	화동의약	아이얼안과
종목코드	2333 HK	1211 HK	600741 CH	600276 CH	000538 CH	000963 CH	300015 CH
시작가 100	100	100	100	100	100	100	100
시작일자	2005-12-31	2005-12-31	2005-12-31	2005-12-31	2005-12-31	2005-12-31	2009-10-29
최고가	18,205	11,249	3,273	16,634	2,612	5,084	9,554
최고가일자	2021-08-02	2022-06-28	2020-11-06	2020-12-25	2021-02-10	2021-05-31	2021-07-01
최저가	55	100	82	90	96	98	100
최저가일자	2008-10-27	2005-12-30	2006-03-31	2006-02-27	2006-01-23	2006-01-04	2009-10-29

　　그다음으로 해야 할 일은 '지피지기(知彼知己)'다. 먼저, 중국에서 상승을 보여준 대표 종목들이 어떻게, 그리고 왜 그렇게 높은 주가 상승을 보일 수 있었는지 업종별 당시의 환경을 살펴보고, 대표 종목 하나씩을 골라 주가 상승 요인들을 분석해 보는 것이다.

　　이 과정을 요약하면 [업종 성장률 × 개별 기업의 시장점유율 변화율 × 판매단가 상승률 × 이익률 변화율 × PER 변화율]의 다섯 가지 변수로 분해할 수 있다. 왜냐하면, 이 다섯 개 변수를 모두 곱한 값이 주가 상승률을 결정하기 때문이다. 쉽게 예를 들면, 고스톱의 점수 계산 방식처럼 피박, 광박, 흔들기 등 여러 요소가 곱해져 최종 점수를 만들어내는 것과 비슷하다.

이 다섯 가지 변수 중 업종별로 어떤 변수가 가장 중요한지 파악하고, 어떤 소비 형태의 변화나 구조적인 원인이 있었는지를 분석한 뒤, 이들 변수가 인도에서도 유사하게 재현될 수 있을지를 판단해 보았다.

예를 들어, 중국의 에어컨 전문기업인 Gree전기의 경우, 2005년 말부터 2020년까지 중국의 에어컨 보급률이 44%에서 142%로 상승하고, 연간 판매량도 2,600만 대에서 9,800만 대로 증가하는 과정의 최대 수혜주였다. 이로 인해 Gree전기는 최대 104배의 총수익률을 기록할 수 있었다. 반면, FY2024 회계연도 인도의 에어컨 보급률은 7%, 연간 판매량은 1069만 대에 불과하다. 따라서, 인도의 인당 소득이 중국처럼 지속적으로 증가한다면 인도 사람들도 에어컨을 구매하게 될 것이고, 인도의 에어컨 전문기업 주가가 Gree전기처럼 상승할 것이라고 예상할 수 있다.

자동차도 마찬가지다. 2005년 중국의 인구당 자동차 보급률은 3.3%, 연간 판매량은 397만 대였다. 2022년에는 보급률이 22.6%, 연간 판매량은 2,400만 대로 증가했다. 이 과정에서 로컬 브랜드가 초과 성장하며, 장성 자동차의 경우 최대 182배의 총수익률을 기록했다. FY2024 회계연도 인도의 연간 자동차 판매량 420만 대로 2005년의 중국과 매우 유사한 수준이다. 인도에서도 소득이 늘면 자동차 수요가 증가할 것이고, 이는 인도의 대표적 자동차 제조 기업 주가 상승을 이끌어 낼 것이다.

헬스케어 업종도 주목할 만하다. 현재 인도 의료비지출금액의 1인당 금액과 GDP대비 비율 모두 다른 국가들과 비교할 때 현저히 낮은 수준이나, 소득이 증가하면 민간요법 대신 병원을 찾고 약을 먹는 사람들이 늘어날 것이기 때문이다. 중국의 대표적인 병원인 아이얼안과와 항서제약은 각각 95배, 166배의 총수익률을 보여주었다. 인도에서도 소득이 증가하면 헬스케어 관련 주식들이 구조적인 상승을 지속할 것으로 기대할 수 있다.

가전 업종 중국, 인도 보급률/판매량 비교

출처: UBS증권, WIND, Euromonitor,
India National Family Health Survey5, Voltas

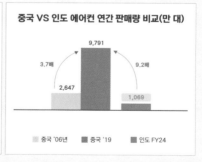

출처: UBS증권 CHINA, WIND, HSBC증권 INDIA

자동차 업종 중국, 인도 보급률/판매량 비교

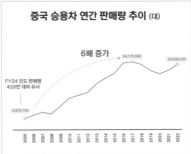

출처: 중국 자동차공업협회, WIND

헬스케어 업종 중국, 인도 의료비 지출 GDP대비 비율
및 1인당 금액 비교

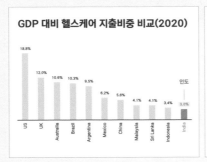

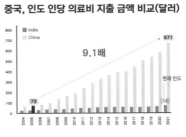

출처: WHO, Current health
expenditure by revenues of health care
in current US$ per capita

출처: Global Health Expenditure Database,
CRISIL Research

이런 분석 과정을 통해 유사성을 찾기 어려운 업종이나 종목은 제외하고, 중국의 종목들과 싱크로율이 높은 인도의 가전, 자동차, 헬스케어 3개 업종에서 총 15개 종목을 선별했다. 그중 Gree전기(총 수익 기준 104배 상승)와 가장 유사한 인도의 Voltas, 장성 자동차(182배 상승)와 유사한 인도의 마힌드라&마힌드라, 그리고 아이얼안과(95배 상승)와 유사한 인도의 아폴로 병원을 1대1로 비교하여, 인도의 도플 갱어 주가가 최대 얼마나 상승할 수 있을지 가늠해 보았다.

중국과 인도의 컨슈머 파워 도플갱어 종목 매칭 예시

중국 업종	중국 상승 대표 종목	최고 상승률	중국 대표종목 특징	인도 도플갱어 종목명	블룸버그 티커	인도 도플갱어 특징
가전	Gree 전기	104배	중국 에어컨 1위	VOLTAS LTD	VOLT IN Equity	인도 에어컨 점유율 1위
	하이얼 스마트 홈	45배	중국 종합가전1위	HAVELLS INDIA	HAVL IN Equity	에어컨 3위, 종합가전 기업
	저장 수포얼	63배	압력솥 등 주방가전 1위	DIXON TECH	DIXON IN Equity	대표적 가전제품 OEM 모바일 EMS 시작

중국 업종	중국 상승 대표 종목	최고 상승률	중국 대표종목 특징	인도 도플갱어 종목명	블룸버그 티커	인도 도플갱어 특징
자동차	장성 자동차	182배	로컬 대표브랜드 SUV전문, 1위	MAHINDRA & MAHINDRA	MM IN Equity	인도 로컬 자동차 브랜드 SUV시장 1위
	BYD	112배	로컬 대표브랜드 전기차1위	TATA MOTORS LTD	TTMT IN Equity	대표 로컬브랜드& 재규어 인수, EV 시장 1위
	화위자 동차	32배	자동차 부품 1위	BOSCH LTD	BOS IN Equity	글로벌 최대 자동차부품사 독일 보쉬 인도 현지법인
헬스 케어	아이얼 안과	95배	안과전문 민영병원 체인 1위	APOLLO HOSPITALS	APHS IN Equity	인도 최대 민영병원 체인 약국, 온라인병원사 업병행
	항서 제약	166배	제약, 바이오 신약 중국 1위	SUN PHARMA	SUNP IN Equity	인도 대표 제약사 브랜드 제약, 제네릭
	화동 의약	50배	제약, 당뇨병 제네릭	TORRENT PHARMA	TRP IN Equity	인도 대표 제약사 브랜드 제약, 제네릭

출처: 블룸버그, Total return기준

인도와 중국은 같은 점도 많지만 동시에 다른 점도 많이 있을 것이다. 따라서, 중국의 사례를 참조한 인도 종목들의 상승폭 추정이 정확하다고 장담할 수는 없다. 하지만 이런 과정을 통해서 인도 종목들 주가 상승의 최대치를 대략 가늠해 보면 주가가 흔들리거나 하락할 때 이를 견디는 데 도움이 될 것이다. 무엇이 들어있는지 알 수 없는 블랙박스를 무조건 오래 들고 기다리는 것은 참으로 어려운 일이다. 하지만 내가 투자하는 종목이 어떤 종목인지, 그리고 인도에 어떤 변화가 일어날 때 최대 어느 정도의 성과를 기대할 수 있는지 알게 된다면 더 편안한 마음으로 기다릴 수 있을 것이다.

이를 위해 이 책에서는 무엇을, 왜 투자하는지 가능한 한 자세히 설명하려고 노력했다.

그런데 문제는 이런 도플갱어 종목들만 골라서 하나씩 투자할 방법이 아직 없다는 것이다. 개인 투자자들이 개별 종목을 매매할 수 없기 때문이다. 현재 인도에 투자할 수 있는 방법은 NIFTY 50 같은 오래된 인덱스를 추종하는 펀드나 ETF를 매수하는 것뿐이다. 하지만 이는 인도 주식의 전체를 사는 것이어서 우리의 투자 목적에 전혀 맞지 않는다. 중국의 사례에서도 확인했듯이, 이런 대표지수는 소비재 업종의 성과를 크게 밑돌았다. 전통 산업이 골고루 포함되어 있어 성장하는 소비 업종을 따라잡을 수 없는 것이다.

나 또한 이들 도플갱어 종목에 투자하고 싶어도 방법이 없어 고민이 많았다. 결국, 이들 종목만 선별해서 투자하는 상품을 직접 만들겠다는 결심을 하기에 이르렀다. 내가 직접 투자하고 싶을 만큼 유망한 종목들을 골라서 상품을 만들면, 나도 투자할 수 있고 내 생각에 동의하는 다른 투자자들도 함께 투자할 수 있을 것이기 때문이다.

마지막으로, 장기 투자를 위한 적합한 방식을 고민해 보았다. 투자 타임머신 전략은 정확히 언제 사서 언제 팔아야 하는지를 가르쳐 주지는 못하기 때문에, 기대한 변수들이 현실화할 때까지 충분한 시간을 가지고 기다려야 한다. 투자 성공의 확률은 높을 수 있지만, 장기적으로 투자해야만 제대로 된 수익을 볼 수 있다는 단점이 있다. 따라서 장기 투자는 필수조건이 된다. 현실적으로 장기 투자를 생각하면 두 가지 큰 고민이 생길 수 있다. 그래서 무조건 장기 투자를 하라고 강조하기보다는 현실적이고 구체적인 투자 방법을 함께 고민해 보려고 했다.

첫 번째는 제시한 표에 나온 종목들을 모두 사야 하는지, 모두 산다면 비중은 어떻게 나눠야 하는지, 아니면 그중에 하나만 산다면 어느 종목을 사야 하는지에 대한 것이다. 이에 대한 나의 답은 "여러 종목을 다 사되, 가장 괜찮아 보이는 두세 종목에 좀 더 비중을 높이자"이다. 그리고 "정기적으로 리밸런싱을 해서 최초에 정했던 투자 비중으로 다시 되돌려 놓는 작업이 최선"이다. 이 방법이 한 번 사서 매매 없이 계속 보유하거나, 시장 타이밍을 맞추겠다고 종목 비중을 조절하는 것보다 우수한 결과를 가져다줄 확률이 높다고 결론을 내렸다.

이 결론은 이 책을 쓰기 위해 앞서 언급한 모든 방법으로 시뮬레이션을 해보고 얻은 결과이다. 정기적인 리밸런싱을 통해 최초 비중으로 되돌려 놓을 경우, 자연스럽게 단기에 급등한 종목을 조금 팔고, 덜 오른 종목을 더 사는 결과가 된다. 이렇게 정기적으로 반복하다 보면, 급등해서 일부 팔았던 종목이 급락할 때 다시 사게 된다. 즉, 비쌀 때 일부 팔았다가 싸질 때 다시 사는 효과가 자동으로 나올 수 있다. 이런 최상의 시나리오가 항상 나오는 것은 아니지만, 특히 중국처럼 시장의 변동이 심하고 추세상승이 아닌 박스권일 경우 이런 효과가 더 뚜렷해진다. 편입된 종목 간 주가 사이클이 달라서 서로 엇갈려 등락할수록 이 효과가 커진다. 이 효과를 '섀넌의 도깨비'라고 한다.

따라서, **"한 종목에 집중 투자하지 않고 분산 투자하되, 정기적으로 리밸런싱하는 것이 최선의 방법"**이다. 개인들이 인도에 투자할 수 있는 수단으로는 ETF를 사는 것이 있다. 나는 이러한 전략으로 종목을 구성하고 리밸런싱 원칙을 지켜 운용하는 ETF를 직접 만들기로 했다.

두 번째로 장기투자를 위한 현실적인 조언을 한다면, 일반 계좌보다는 퇴직연금 같은 과세 이연과 장기투자가 기본이 되는 계좌에서 투자하는 것을 추천한다. 이 방식은 많은 전문가가 추천하는 방법이기에 특별히 설명을 덧붙이지는 않겠다. 하지만 나 또한 개인적으로 이런 방식을 사용할 만큼 좋은 방법이라고 생각한다.

여기에 하나 아이디어를 더해보면, 자녀나 손주들에게 미리 현금을 증여해 아이들 명의 계좌에서 장기투자를 하는 것도 이런 경우에 적합해 보인다. 이 방식을 사용하게 되면 증여세도 줄이고 아이들의 향후 목돈이 필요한 시점까지 자연스럽게 장기간 보유할 수 있게 된다.

끝으로, 많은 이들이 가장 궁금해할 현실적인 문제는 '그래서 언제 사야 하느냐?'일 것이다. 인도 주식시장이 미국 다음으로 많이 오른 시장인데, 지금 들어가도 되는지, 아니면 빠질 때를 기다려야 하는지에 대한 고민이 있을 것이다. 이에 대한 답은 이미 수많은 전문가들이 "그냥 아무 때나 돈 생겼을 때 사라"거나, "적립식처럼 기계적으로 나눠서 사라"고 이야기해왔다. 독자들도 어떤 것이 정답인지는 알고 있을 것이다. 다만, 그동안 무엇을 사야 할지 몰랐을 뿐이다.

다행히도 우리가 중국의 사례를 기준으로 시뮬레이션해본 결과, 소비재 종목은 중국 주식시장의 역사상 최고점에서 매수했더라도 비교적 큰 수익을 거두었다는 것을 알 수 있었다. 시장이 반토막 나 있더라도 구조적인 성장을 하는 업종을 매수하면 수익을 볼 수 있다는 것을 보여주었기 때문에 타이밍에 너무 고민할 필요는 없을 듯하다.

이상의 내용을 본문에서 자세히 설명하도록 하겠다.

CONTENTS

투자 타임머신으로
인도 주식 찾아보기

3장
가전 업종 컨슈머
파워 도플갱어 찾기

4장

자동차 업종 컨슈머
파워 도플갱어 찾기

5장

헬스케어 업종 컨슈머
파워 도플갱어 찾기

커져가는 인도, 그러나 아직도 먼 인도 주식투자

1장에서는 '인도가 제2의 중국이 될 것인가?'라는 질문을 중심으로 인도의
경제 성장과 투자 기회를 탐구한다. 미·중 패권 전쟁으로 미국이 중국을 공급망에서 배
제하고 인도를 대체국으로 선택하고 있는 상황에서, 인도의 경제 성장은 매우 유망하다.
중국이 더 이상 저임금 공장 노동을 할 수 없는 반면, 인도는 저임금 기반의 노동집약적
산업을 흡수할 준비가 되어 있다.
　　그러나 인도 주식시장에 대한 정보는 여전히 부족하다. 인도는 외국인들에게 개별 종목
의 직접 매매를 허용하지 않아 정보 접근이 어렵다. 하지만 인도는 오랜 자본시장 경험을
가진 나라로, 로컬 투자자들의 높은 참여율 덕분에 주식시장이 안정적으로 성장하고 있
다. 여기에서는 인도의 경제 성장과 투자 기회를 살펴보고, 인도 주식시장에 투자하는 구
체적인 방법을 제시할 것이다.

1.

인도는
제2의 중국이 될 것인가?

본론을 시작하며 가장 먼저 판단해야 할 것은 '인도가 제2의 중국이 될 것인가?'라는 명제다. 이 대전제가 충족되지 않으면 사실 이 책을 쓸 필요도 없을 것이다. 인도가 성장을 지속하기 어렵다면 굳이 인도에 투자할 이유도 없다. 당연히 나는 인도가 제2의 중국이 될 것이라고 보고 있다.

이 생각은 나만의 의견이 아니라, 전 세계 투자자들의 공통된 의견이라고 봐야 할 것이다. 나 역시 '제2의 중국은 인도'라는 이야기를 듣고 인도에 관심을 가지게 되었고, 조사해 본 결과 그 말이 맞다는 결론에 이르렀다. 그 이유는 많지만, 특히 두 가지 이유가 이를 뒷받침한다.

첫 번째 이유는 미·중 패권 전쟁으로 인해 미국이 중국을 자국의 공급망에서 배제하려 하고, 이를 대체할 국가들로 공급망을 재편하고 있기 때문이다. 트럼프 대통령이 시작한 미·중 무역분쟁이 패권 전쟁으로 이어지고 있는 것이다.

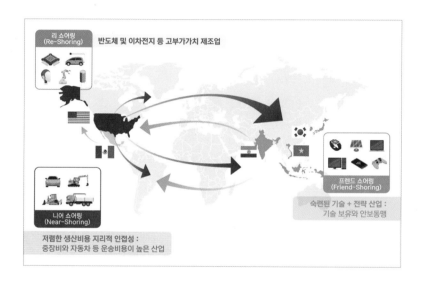

미국이 진행하는 공급망 재편의 주요 전략은 크게 세 가지로 나뉜다.

 - 리쇼어링(Re-shoring): 반도체, 이차전지 등 미국이 원하는 첨단 산

업들을 선택적으로 미국으로 불러들이는 전략이다.

- 니어쇼어링(Near-shoring): 멕시코 등 미국 인접 국가를 이용해 중국이 담당했던 저임금 기반 공장을 대체하는 전략이다. 멕시코의 임금은 중국보다 높지만, 물류비용과 운송 기간을 대폭 단축해 가격경쟁력을 유지할 수 있다.

- 프렌드쇼어링(Friend-shoring): 미국의 안보와 관련된 전략산업을 중국이 아닌 친구 국가들로 이전하는 전략이다. 최근 일본 구마모토에 TSMC의 반도체 공장이 건설된 것이 대표적 사례이다.

인도는 프렌드쇼어링의 혜택을 받을 수 있다. 반도체 등 첨단산업은 일본, 대만, 한국 등을 통해 해결할 수 있지만, 저임금 기반의 노동집약적 산업은 이들 국가의 소득 수준과 노령화를 고려할 때 소화할 수 없다. 따라서 프렌드 그룹을 '늙은 부자 나라'와 '젊은 가난한 나라'로 구분해, 첨단산업과 저임금 기반 산업을 나눠주는 것이다.

인도와 유사하게 젊고 가난한 나라로 분류되는 강력한 제2의 중국 후보로 베트남도 혜택을 받고 있다. 그러나 베트남은 인구가 약 1억 명으로, 중국의 14억 인구가 해오던 세계의 공장 역할을 다 감당할 수 없다. 결과적으로 중국의 14억 인구를 대체할 수 있는 나라는 같은 14억 인구를 보유한 인도밖에 없다. 따라서 프렌드쇼어링에서 가장 큰 비중을 차지하게 될 것이다.

　다음 그래프는 이러한 공급망 재편 전략이 진행되면서 미국의 중국 수입 비중이 감소하고, 인도, 베트남, 대만, 한국의 수입 비중이 증가하고 있는 상황을 보여준다.

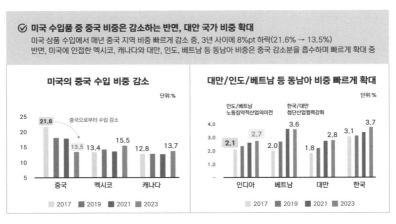

※ 자료: 미국의 국가별 수입비중, CEIC, U.S. Census Bureau

　위의 그림에서 보는 바와 같이 미국의 공급망 재편 움직임이 시작하기 이전인 2017년의 경우 미국의 수입품 중에서 중국에서 수입해 오는 비중은 21.6%를 점유했었다. 그러나, 공급망 재편이 진행되고 난 2023년 말 기준으로 이 비중은 13.5%로 크게 감소했다. 미국이 중국으로부터 수입해 오는 제품들의 비중이 급격히 줄고 있는 것이다. 반면, 인도로부터 수입해 오는 수입금액의 비중은 2017년 2.1%에서 2.7%로 증가했으며, 베트남은 2.0%에서 3.6%로 크게 증가했다. 그 밖의 대만, 한국도 미국의 수입금액 점유율을 높이고 있는 상황이다. 아직까지 중국을 대체할 어느 한 나라가 크게 부상하고 있지는 않지만, 중국의 역할을 다른 나라들이 나누어 가져가고 있는 것은 분명해 보인다.

두 번째 이유는 "그럴 때가 되었다"는 점이다. 즉, 중국이 이제 그만할 때가 되었고, 이제는 인도가 중국을 대신할 때가 되었다는 것이다.

다음 그래프는 미국의 공급망 재편 전략이 없었더라도, 중국의 평균 연령과 소득 수준을 감안할 때 더 이상 과거의 중국이 아니라는 점을 보여준다. 이제 중국인들도 더 이상 공장에서 저임금으로 일하고 싶지 않은 시기가 된 것이다.

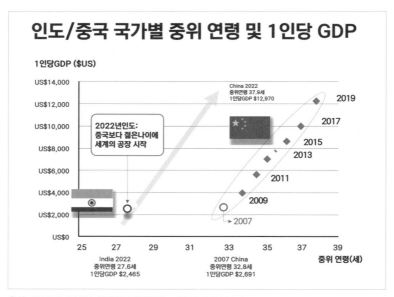

인도/중국 국가별 중위 연령 및 1인당 GDP

1인당GDP ($US)

China 2022
중위연령 37.9세
1인당GDP $12,970

2022년인도:
중국보다 젊은나이에
세계의 공장 시작

2019
2017
2015
2013
2011
2009
2007

India 2022
중위연령 27.6세
1인당GDP $2,465

2007 China
중위연령 32.8세
1인당GDP $2,691

중위 연령(세)

출처: WORLD BANK, 한국투자신탁운용, 기준일: 2022년 자료

위 그래프의 가로축은 평균 연령을, 세로축은 1인당 GDP를 나타낸다. 인도의 경우 2022년 기준 1인당 GDP가 2,400달러 수준이며, 평균 연령은 27.6세로 중국의 2007년 당시보다 5살 젊고 1인당 GDP는 유사한 수준에 도달했다. 반면, 2022년의 중국은 이미 평균 연령이 37.9세를 넘어서 젊은 인구가 줄고 있으며, 1인당 GDP도 12,000달러를 넘어 공장에서 주는 월급에 만족할 수 없는 상황이다. 따라서, 중국은 미국과의 패권 전쟁이 없었더라도 이

미 저임금 공장에서 손을 떼고 있었고, 이 빈자리를 저임금을 받아들일 수 있는 베트남, 인도 등 동남아 국가가 자연스럽게 채워가고 있었다.

이러한 추세에 가속페달을 밟는 계기가 되어 준 것이 2014년 모디 총리가 집권하면서 추진된 '메이크 인 인디아' 정책이다. 이후 인도는 스스로 세계의 공장을 자처하면서 전 세계 기업들의 인도 공장 건설과 해외직접투자(FDI)가 증가하고 있다.

다음 자료는 이러한 인도의 정책의 기본이 되는 저렴한 노동력과 인구수를 보여준다. 이를 통해 인도도 중국의 성장 궤적을 따르며 성장할 것으로 기대된다.

이렇게 보는 가장 보편적인 시각에는 인도의 생산가능 인구수가 중국보다도 많아졌다는 점이 있다. 전 세계 15세부터 65세 사이의 생산가능 인구는 2030년경 전체 인구의 67% 정도가 될 것으로 전망되고 있다. 그리고, 이 생산가능 인구 중에서 인도의 비중은 18%로 중국의 17%를 초과할 것으로 점쳐진다. 같은 기준으로 볼 때 베트남은 전 세계 생산가능 인구 중 1%의 비중을 점유한다. 또한 최저임금을 기준으로 보더라도 인도는 95달러 수준으로 중국의 370달러보다는 한참 아래이고, 심지어 베트남의 162달러보다도 크게 낮은 수준이다. 더 이상 중국 사람들이 공장에 가서 싼 임금을 받고 일을 하려 하지 않는 이유를 단적으로 보여주는 대목이다.

이러한 인도의 장점과 공급망 재편 움직임이 맞물리며 최근 애플사의 위탁생산 업체인 폭스콘은 인도의 아이폰 생산공장 인력을 2년 내에 현재의 1.7만 명에서 약 7만 명으로 4배 가까이 증가시킬 계획을 발표하기도 했다. 앞으로 이러한 추세는 계속될 것이다.

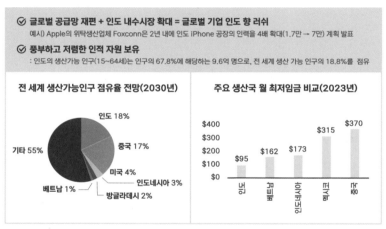

✅ **글로벌 공급망 재편 + 인도 내수시장 확대 = 글로벌 기업 인도 향 러쉬**
    예시) Apple의 위탁생산업체 Foxconn은 2년 내에 인도 iPhone 공장의 인력을 4배 확대(1.7만 → 7만) 계획 발표

✅ **풍부하고 저렴한 인적 자원 보유**
    : 인도의 생산가능 인구(15~64세)는 인구의 67.8%에 해당하는 9.6억 명으로, 전 세계 생산 가능 인구의 18.8%를 점유

전 세계 생산가능인구 점유율 전망(2030년)

인도 18%
중국 17%
기타 55%
미국 4%
인도네시아 3%
방글라데시 2%
베트남 1%

주요 생산국 월 최저임금 비교(2023년)

인도 $95
베트남 $162
인도네시아 $173
중국 $315
멕시코 $370

출처 : WageIndicator Foundation,
      한국투자신탁운용

출처 : Population Pyramid, 한국투자신탁운용

※ 최저임금은 인도 마하라슈트라州, 중국 광저우 시, 베트남 1지역 기준으로 베트남 임금기준은 4개 지역으로 분류되며 1지역은 하노이시, 호치민시, 하이퐁시, 빈중성, 동나이성 등 제조 거점지역을 말함

정치적 이유든 구조적 이유든, 전 세계에서 중국의 14억 인구가

맡아왔던 세계의 공장 역할을 대신할 수 있는 국가는 인도가 유일하다. 따라서 중국이 이 역할에서 손을 떼면 뗄수록 인도의 성장은 지속될 것이다.

인도는 단순한 공장 노동자 역할을 하며 성장하는 단계에 진입하고 있다. 이는 대부분의 나라에서 가장 쉽고 빠르게 성장하는 구간이다. 외국 기업의 자본과 기술에 노동력만 제공하면 되기 때문이다. 이러한 성장 구간의 상한선은 중국의 경우 인당 GDP 1만 달러 수준까지였다. 그 이후로는 자국의 기술과 자본으로 지은 공장이 잘 돌아가야 추가적인 성장과 선진국 대열로 도약할 수 있는데, 그렇지 못한 대부분의 국가는 중진국 함정에 빠져 제자리걸음을 하게 된다.

따라서, 미국의 견제를 받으면서 중국이 중진국 함정을 뛰어넘어 선진국 대열에 들어설 확률은 불확실해진 반면, 인도는 가장 쉽고 빠른 성장 구간에 들어가고 있어 향후 10~20년간 성장할 가능성이 훨씬 높다.

시험을 볼 때, 같은 점수를 가진 두 문제가 있다고 치자. 하나는 아직 풀어본 적 없는 어려운 문제이고, 다른 하나는 모의고사에서 풀었던 것과 유사한 쉬운 문제다. 그렇다면 어느 문제를 먼저 푸는 것이 맞을까? 이에 대한 답과 마찬가지로, 앞으로 성장을 지속할 확률이 좀 더 높은 국가에 투자하는 것이 현명한 선택이다.

2.

그러나,
아직도 먼 인도 주식투자

 인도의 경제는 커지고 있으며, 주식시장 상승률은 미국 다음으로 2위권을 기록하고 있다. 그러나 의외로 인도 주식시장과 개별 종목에 대한 자료나 정보는 많지 않다. 심지어 인도 주식을 설명하는 책도 찾아보기 어렵다. 반면, 미국 주식 관련 책들은 넘쳐난다.

이런 정보 부족의 가장 큰 원인은 인도가 외국인들에게 개별 종목의 직접 매매를 허용하지 않기 때문이다. 인도는 외국인에게 주식 차익 과세를 어떻게 부과할지에 대한 규정을 명확히 하지 않았다. 개별 종목 매매가 불가능하니 증권회사들도 돈이 안 되는 인도 주식

리서치에 소극적이며, 따라서 정보가 부족할 수밖에 없는 것이다. 이는 중국이 2014년 후강퉁을 시작하기 전과 유사한 상황이다.

인도 주식시장에 투자하기 위해 알아야 할 기본적인 정보

인도국립증권거래소(NSE)

· 1992년 설립/ 뭄바이 소재 / 2,190종목 상장/ 시가총액 약 5.0
  조 달러 (2024. 05.)
· 대표 지수: NIFTY50지수(유동비율 시가총액 상위 50종목으로
  구성)

뭄바이증권거래소(BSE)

· 1875년 설립/ 뭄바이 소재 / 5,390종목 상장 / 시가총액 약
  5.2조 달러 (2024. 05.)
· 대표 지수: SENSEX지수(시가총액 상위 30종목으로 구성)

인도에는 두 개의 주요 거래소가 있다. 그러나 우리나라와는 조금 다른 특징이 있다. 보통은 각각의 거래소에 서로 다른 종목이 상장되어 있지만, 인도에서는 두 거래소에 동시에 상장된 종목이 많다. NSE에 상장된 2,000여 종목은 대부분 BSE에도 상장되

어 있으며, 가격도 거의 동일하게 움직이기 때문에 어느 시장에서 거래하든 상관없다. 하지만 거의 모든 종목에서 NSE의 거래량이 BSE보다 압도적으로 많아 대부분 투자자는 NSE를 통해 거래한다. 뭄바이 거래소는 1875년에 설립된 아시아 최초의 증권 거래소지만, 뒤늦게 설립된 NSE에 비해 시스템 개발 등이 뒤처지면서 대표 거래소의 지위를 빼앗겼다.

재미있는 점은, 인도는 1875년부터 증권거래소를 운영해 주식투자를 해왔기 때문에 자본시장에 대한 경험 측면에서 한국보다 앞서 있다는 것이다. 2023년 말 기준으로 주요 국가들의 GDP 대비 주식시장 시가총액 비율을 살펴보면, 인도가 한국과 대등한 수준인 약 105%를 보인다. 인도는 1인당 GDP 측면에서 앞선 베트남, 인도네시아, 심지어 중국보다도 높은 비율을 보인다.

인도 현지 출장을 통해 상장기업들과 애널리스트들의 설명을 듣다 보면, ROE와 주주 가치에 대한 언급이 많이 나오는 점이 인상적이다. 한국이나 일본은 국민소득이 4만 달러에 가까워져서도 주주 가치에 대한 인식이 높지 않아 억지로 밸류업을 이야기하고 있다. 그러나 인도는 국민소득이 2천 달러 수준의 발전 초기 단계임에도 불구하고, 회사와 투자자들이 ROE를 고려해 시설투자를 하고 주주 가치 환원을 중요한 경영의 기준으로 삼고 있다.

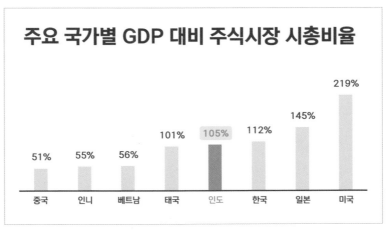

주요 국가별 GDP 대비 주식시장 시총비율

51%	55%	56%	101%	105%	112%	145%	219%
중국	인니	베트남	태국	인도	한국	일본	미국

기준일: 2023년 말. 　　출처: Bloomberg, IMF World Economic Outlook

로컬 투자자들의
주식투자 열기

인도의 공모펀드 시장 규모는 760조 원을 넘어서고 있다. 모디 총리가 집권하던 약 10년 전 163조 원에 비하면 12배 가까이 공모펀드 시장이 커진 것이다. 특히 공모펀드 시장의 성장에 기여한 것은 우리나라의 적립식 투자와 같은 시스템적으로 투자하는 계좌(SIP)들의 증가에 있다. 이러한 배경에는 인도 자산운용협회의 주도로 적립식 장기투자 캠페인이 시작되었고, 1년 이상 장기투자 계좌에는 세제혜택을 부여하는 등의 정책적인 유인책도 있었다.

공모펀드 시장이 커진 것에 더해서, 공모펀드 중 주식형 펀드의 비중도 크게 증가했다. 2014년 모디 총리 집권 첫해의 주식형 펀드 비중은 23%였다. 그 당시 163조 원 공모펀드 시장에서 23%의 비중이면, 대략 37.5조 원의 주식형 펀드 규모이다. 그런데 2023년의 주식형 펀드 비중은 51%까지 상승했다. 760조 원 공모펀드 시장의 51%면 약 387조 원이다. 따라서, 주식형 펀드의 사이즈로만 보면 2014년 대비 약 10년 만에 거의 10배 커진 것이다.

인도의 1인당 국민소득은 2014년 이후 1,560달러에서 2022년 2,411달러로 약 1.5배 증가하는 데 그친 점을 감안할 때, 가계 자산에서 주식투자 비중은 크게 증가하고 있고 보편적인 자산 증식의 수단이 되고 있는 것이다. 이런 점에서 인도는 우리나라나 중국보다는 자본시장에 대한 이해도나 접근 정도가 매우 높은 국가라고 보여진다.

인도 공모펀드 시장규모
(2023. 09 기준)

모디총리 집권
디지털인디아 정책
온라인금융 보급

적립식투자(SIP)
캠페인 확산

코로나 이후
주식형비중 급증

163

316

759

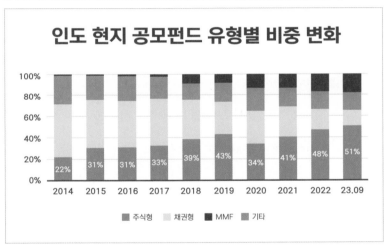

인도 현지 공모펀드 유형별 비중 변화

22% 31% 31% 33% 39% 43% 34% 41% 48% 51%

■ 주식형 ■ 채권형 ■ MMF ■ 기타

인도 주식시장이 성장할 수 있었던 이유는, 모디 정부의 디지털 인디아 정책으로 인한 온라인 투자 활성화와 2017년부터 시작된 적립식 투자 캠페인의 성공으로 주식형 펀드로 자금이 지속적으로 유입되고 있기 때문이다.

2014년부터 시작된 전 국민 계좌 갖기 운동 덕분에 은행 시스템에 접근할 수 있는 인구가 많아졌고, 2016년에 단행된 화폐개혁으로 숨어 있던 검은돈이 시장에 풀리면서 주식시장으로의 유입이 확대되었다. 또한, 온라인으로 5분이면 펀드 가입이 가능한 온라인 펀드 가입 플랫폼이 인터넷 보급과 함께 급성장했다.

여기에 SIP(Systematic Investment Program)이라는 일종의 적립식 투자가 크게 유행하고 있다. 적립식 투자는 한국의 경우 2000년대 초반 1인당 GDP가 1만 달러 초반을 넘어가던 시점에 겨우 시작된 제도인데, 인도는 벌써 적립식 투자가 일반적인 투자 방식으로 자리잡았다. SIP를 통한 공모펀드 시장의 자금유입 규모는 2024년 현재 매월 2~3조 원대에 달하고 있다. 이러한 국내 투자자들의 높은 주식시장 참여율이 인도 주식시장의 안정적인 상승세를 뒷받침하고 있다.

1인당 GDP가 이제 겨우 2,400달러인 나라에서 벌써 적립식 투자와 주식형 펀드 가입이 유행하고 있고, 주식시장의 시가총액이 GDP 대비 100%를 넘어서며 1인당 GDP 4만 달러의 한국과 대등한 수준에 도달했다. 게다가 글로벌 주식시장 시가총액 순위는 홍콩과 4위를 다투고 있다.

그렇다면, 한번 상상해보자. 앞으로 인도의 1인당 GDP가 1만 달러가 되고, GDP 대비 주식시장 시가총액 비율이 현재와 같은 수준을 유지한다고 가정해보자. 이는 소득이 늘어나는 만큼 주식투자도 동일한 비율로 증가한다는 의미이다. 그렇게 되면, 주식시장 규모도 약 4배 정도 커져 약 20조 달러, 즉 약 2.6경 원이 될 수 있다. 이는 현재 글로벌 2위 주식시장인 중국의 약 9조 달러를 훌쩍 넘어 미국의 약 50조 달러에 이은 두 번째로 큰 시장이 되는 것이다.

현재 미국 시장 시가총액 상위 기업들이 몇천조 원 단위인 점을 감안할 때, 인도 주식시장이 현재 미국의 절반 정도로 성장한다면, 인도에서도 시가총액이 수천조 원에 달하는 회사들이 탄생하게 될 것이다. 참고로 한국의 주식시장 전체 시가총액이 2천조 원대인 점을 감안하면, 인도에서 몇천조 원짜리 회사가 생긴다는 것이 얼마나 큰일인지 짐작할 수 있을 것이다.

여기서 다시 한번 상상해보자. 인도 주식시장의 위상이 이렇게 커지는 상황에서, 외국인 투자자들이 인도를 바라만 보고 있을 수 있을까? 내 생각에 최소한 수동적으로 자금을 배분하는 ETF 펀드 자금들은 인도 시장의 글로벌 인덱스 내 비중이 커질수록 더 많은 자금을 기계적으로 투입할 것이다. 시장이 커지면 패시브 자금이 따라 들어오는 선순환은 이미 중국 주식시장에서 20여 년간 일어난 일이기 때문에, 앞으로 인도에서도 같은 일이 일어날 것이다.

중국의 경우 2000년대 초반 MSCI 이머징마켓 지수 내 비중이 한 자릿수 후반 수준에 불과했다. 그러나 시장의 크기가 커지면서 지수 내 비중이 40%까지 상승했다. 이에 따라 MSCI 이머징마켓 지수를 추종하는 전 세계 ETF들의 중국 주식 매수 규모도 급격히 증가했다. 그러나 중국 주식시장이 하락하기 시작하면서 ETF 자금 유입도 감소하고 있다.

반면, 인도의 MSCI 이머징마켓 지수 내 비중은 중국의 비중이 감소하는 것과 반대로 상승하고 있다. 하나의 비중이 줄면 다른 하나의 비중은 늘기 마련이다. 게다가 인도의 주가는 EM 내에서 가장 높은 수준의 상승을 지속하고 있어 인도의 비중 증가에 가속도가 붙고 있다.

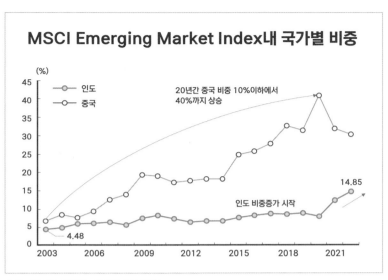

출처 : BLOOMBERG, 한국투자신탁운용

한국인들의 이머징
시장 투자현황

그렇다면, 우리 한국 투자자들은 인도 시장에 얼마나 투자하고 있을까? 다음 표는 중국, 인도, 베트남 등에 대한 한국 투자자들의 투자 규모를 비교한 것이다. 2024년 5월 말 기준으로, 중국에 투자하는 펀드와 ETF의 합계는 약 9.5조 원이다. 반면, 인도에 투자하는 펀드와 ETF는 이제 1.2조 원을 넘어섰다. 특히, 인도 투자 규모는 2022년 말 이후 약 1년 반 만에 8,600억 원이 순증하며 가장 빠른 속도로 증가하고 있다. 한국에서도 인도에 투자되는 자금의 규모가 계속해서 커질 가능성이 높다고 본다.

한국 설정, 중국 vs 아시아 국가 투자 펀드 AUM 추이

단위 : 억 원	20. 12월	21. 12월	22. 12월	23. 12월	24. 5월	22년 대비 24. 5월	
						AUM	증감률
중국	52,483	75,745	91,591	95,436	95,262	3,671	4%
인도	4,459	4,402	4,130	8,318	12,816	8,687	210%
베트남	14,425	9,383	8,595	9,536	8,839	244	3%
총합계	71,367	89,530	104,315	113,290	116,917	12,602	12%

출처: FNSpectrum, 금융투자협회   * 펀드 AUM에는 ETF 포함/대상은 주식형 및 주식파생형

위의 표를 보면, 내가 처음 해외 주식투자를 하게 된 계기가 되었던 베트남 시장 투자 펀드에는 여전히 1조 원 가까운 자금이 설정되어 있다(참고로 설정액은 투자 원금 기준 수치이기 때문에, 실제 순자산 규모는 주가 상승으로 인해 이보다 더 클 수 있다).

베트남은 여행지로도, 투자처로도 한국 사람들이 여전히 사랑하는 지역이다. 개인적으로 생각하기에는 많은 한국 사람들이 여행

이나 사업 목적으로 자주 베트남과 중국을 방문했기 때문에 이 두 나라에 대해 상대적으로 친숙하고 잘 알고 있다고 느낀다. 한때 우리나라 사람들이 중국 주식시장에 투자하는 외국인 중 최대 규모를 차지했던 것도, 바로 옆집 같은 중국을 자주 여행하고 사업을 위해 오가면서 충분히 안다고 생각했기 때문이다. 잘 아는 곳에 더 많은 투자를 하는 것은 충분히 이해할 수 있다.

반면, 인도는 지리적으로 중국이나 베트남보다 훨씬 멀고 한국과의 교류도 적다. 인도를 여행하거나 경험한 사람들이 많지 않은데, 인도를 다녀온 사람들도 대개 고생한 이야기를 더 많이 한다. 그만큼 인도에 대해 잘 아는 사람도 드물고, 낯선 것이 사실이다.

하지만, 친숙하다고 해서 반드시 좋은 투자 수익을 내는 것은 아니다. 그렇게 본다면 한국 사람들에게는 한국 주식이 가장 좋은 투자처가 되어야 한다. 그러나 주식시장의 수익률은 냉정하다. 투자 판단은 친숙함이 아니라, 누구의 미래가 더 밝은지를 기준으로 해야 할 것이다.

어느 나라에 얼마를 투자하는 것이 합리적인지 판단하기는 어렵지만, 중국의 경우 펀드와 ETF 이외에 개별 종목으로 투자하는 경우도 감안하면, 이제는 중국의 비중을 조금 덜어내고 제2의 중국이 될 것으로 예상되는 인도에도 일정한 비중을 배분하는 것이 합리적인 판단일 것이다.

3.

그래서,
인도 투자 어떻게 해야 할까?

인도에 투자하기로 마음을 먹어도 막상 투자하려고 하면 선택지가 많지 않다. 개별 종목 매매가 불가능한 상황에서는 펀드나 ETF만이 가능한데, 대부분이 인도 주식시장의 대표 인덱스인 니프티 50(NIFTY) 인덱스를 100% 추종하는 ETF이거나 이를 벤치마크로 삼아 유사하게 투자하는 펀드들이다.

우선 인도 주식 대표 인덱스인 니프티 50 지수가 투자할 만한 지수인지부터 살펴보자. NIFTY 50 인덱스의 상위 비중 10개 종목과 업종별 구성 비율을 보면 다음과 같다.

종목명	비중	업종
HDFC Bank Ltd	11.07%	금융
Reliance Industries Ltd	10.22%	에너지
ICICI Bank Ltd	7.80%	금융
Infosys Ltd	5.44%	IT
Larsen & Toubro Ltd	4.52%	산업재
Tata Consultancy	3.99%	IT
Bharti Airtel Ltd	3.25%	통신서비스
Axis Bank Ltd	3.02%	금융
ITC Ltd	3.86%	소비재
State Bank of India	2.93%	금융

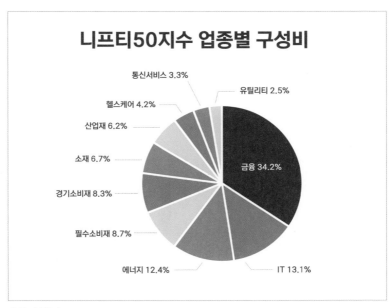

니프티50지수 업종별 구성비

통신서비스 3.3%
유틸리티 2.5%
헬스케어 4.2%
산업재 6.2%
소재 6.7%
경기소비재 8.3%
필수소비재 8.7%
에너지 12.4%
금융 34.2%
IT 13.1%

출처 : 블룸버그, 2024. 05. 30.

인도 컨슈머 파워,
새로운 미래를 선점하라

NIFTY 50 지수는 유동 시가총액을 기준으로 시총 상위 50개 종목을 선정하는 방식으로 구성되기 때문에 다른 많은 국가와 마찬가지로 은행주 등 금융회사들이 많은 비중을 차지한다. 일반적으로 은행 등 금융회사의 시가총액이 크기 때문이다. NIFTY 50 지수도 상위 10개 종목 중 4개 종목이 은행이며, 인덱스에서 금융주는 34%로 가장 높은 비중을 점유하고 있다.

그럼 인도의 업종별 최근 5년간의 성과를 살펴보자.

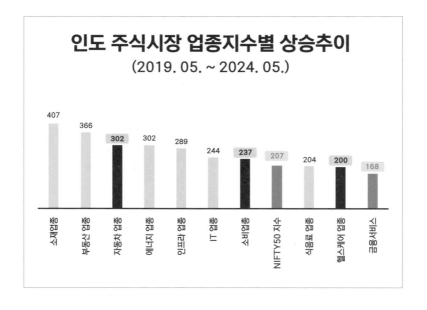

2019년 5월의 주요 업종 인덱스들의 가격을 100으로 환산하여 2024년 5월 20일까지의 주가 변화를 보면, 약 4배로 가장 높은 상승을 보인 업종은 금속 등 소재 관련 업종이다. 그다음으로는 부동산, 자동차, 에너지 등의 순서이며, NIFTY 50 지수가 그 뒤를 이었다. 가장 부진한 업종은 금융서비스였다. NIFTY 50 지수의 업종 구성에서 가장 많은 34%의 비중을 차지하는 은행 등 금융업의 주가가 부진했기 때문에 NIFTY 50 인덱스의 평균을 끌어내린 것이다. 이를 다시 말하면, 10개 업종 중에서 금융주를 제외하고 투자했다면 훨씬 나은 성과를 얻었을 것이다.

결론적으로 인도에 투자하는 것은 앞으로 필수적이겠지만, 시장의 대표 인덱스만으로는 부족할 수 있다. 인도라는 좋은 선택을 했다면, 이왕이면 더 높은 수익률을 올릴 수 있는 방법을 찾아야 한다.

이제부터는 인도에 투자하되, NIFTY 50 외에 더 나은 투자 방법을 찾고자 하는 사람들을 위한 내용을 본격적으로 설명하려고 한다.

멀리서 바라본 뭄바이 시내 전경.
높은 마천루들이 여느 선진국의 대도시를 떠올리게 한다.

가까이에서 바라본 뭄바이 시내 전경. 고층 빌딩과 판자촌이 한데 어우러져 있다.
판자촌을 보며 인도를 보고 무시할 것인가,
아니면 판자촌이 빌딩숲으로 변해가는 인도의 미래에 투자할 것인가?

투자 타임머신으로 인도 주식 찾아보기

이제부터 본격적으로 인도에 어떻게 투자할 것인지에 대해 이야기할 것이다. 하지만 일방적으로 특정 종목을 추천하는 것보다는, 인도 투자를 위해 고민한 변수들을 가능한 한 그대로 보여주고자 한다. 일반 투자자들도 충분한 데이터와 정보를 가지면 전문가 이상의 투자 판단을 내릴 수 있다고 생각하기 때문이다. 일방적으로 결과를 전달받기보다는 함께 고민한다는 마음으로 이제부터의 이야기를 들어주면 좋겠다.

　　먼저, 인도 투자 전략을 고민한 과정을 크게 요약하면 다음과 같다. 첫 번째로, 중국의 발전 과정에서 대표적인 상승을 보인 업종과 종목들을 찾아내고 주가가 상승했던 요인들을 분석했다. 이러한 상승 요인들을 기준으로 인도의 도플갱어 종목들을 찾기 위해서였다. 두 번째로, 인도에서 중국의 샘플 업종 및 종목들과 유사한 투자 대상들을 탐색하고, 인도 현지 증권사 애널리스트들과 함께 세부 내용을 분석했다. 이를 통해 최종적으로 인도에 장기 투자할 만한 3개의 업종을 선택하고, 그 업종 내에서 대표적인 종목들을 선정했다.
　　이 과정에서 가장 중요한 선택은 '업종'이라고 본다. 이는 내가 투자 타임머신이라는 방식을 시도한 후, 지난 10년간 중국에서 투자 경험을 축적하며 도달한 결론이다. 어떤 종목이 속한 업종이 성장을 못 하면, 아무리 좋은 회사를 골라도 소용이 없다. 가라앉는 배에서 아무리 잘 뛰어도 소용이 없는 것과 같다. 반대로 잘나가는 업종을 고르면, 그 안에서 최고의 종목을 고르지 못해도 가라앉는 업종의 최고 종목보다 나을 수 있다.
　　또한, 업종만 잘 고르면 종목 선택은 크게 고민할 필요가 없다. 그 업종에서 현재 시점에 가장 잘하는 회사를 고르면, 확률적으로 계속 좋아질 가능성이 높다. 최근 한국 시장에서 하이닉스가 삼성전자를 추월하려고 노력하고 있지만, 이런 일은 매우 드물다. 지난 30년 간 처음 일어나는 일이다. 따라서 이번 투자 전략에서도 가장 중요하게 진행한 것은 업종 선택이었다. 이 부분이 10년 전 타임머신 1탄과 다른 점이다. 이전에는 중국에서 리서치하면서 종목을 골랐기 때문에, 업종을 먼저 보고 종목을 고르기보다는 많은 종목을 분석하며 하나씩 선택하는 방식이었다. 이 방식은 시간이 많이 걸리고, 체계적으로 전략을 수립하기 어려운 문제가 있었다. 이번에는 이런 부분들을 보완하여, 업종부터 선택하고 그 업종 내에서 가장 좋은 종목을 선별하는 방식으로 진행했다.
　　업종 선택에 공을 들였다고 해서 엄청난 노하우가 있는 것은 아니다. 사실은 일반인들도 데이터만 충분하면 이해할 수 있는 지극히 상식적인 수준의 판단으로도 충분했다. 우리가 이번에 타깃으로 하는 업종 후보들이 소비 관련 업종들이기 때문에, 어려운 전문 기술을 이해할 필요 없이 판단할 수 있었다.

1.

첫 번째 단계:
현재의 인도는 과거 몇 년도의
중국에 해당하는가?

인도가 중국과 유사한 성장 궤적을 따라 발전하고 있다면, 현재의 인도는 과거의 중국과 비교했을 때 어느 시점과 유사한 상황일까? 이를 결정해야 중국의 언제부터 분석을 시작할지 그 시작점을 찾을 수 있다. 가장 보편적인 수치를 사용하여 이 부분을 가늠해 보기로 했다.

2022년 기준 1인당 GDP는 인도가 2,411달러, 베트남이 4,163달러, 중국이 12,720달러이다. 각국의 1인당 GDP 궤적을 비교해 보면, 현재의 인도는 중국의 2006~2007년쯤과 유사한 상황이다. 이를 바탕으로 중국 분석의 시작점을 1인당 GDP를 기준으로 결정한 뒤, 개별적인 업종별로 제품의 보급률과 판매량, GDP대비 비중 등 세부 데이터를 사용해 중국의 어느 시점과 유사한지를 각 업종별로 결정할 것이다.

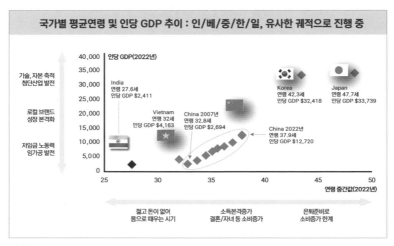

출처 : OurWorld in Data, IMF, Bloomberg

제시된 그림은 10년 전 내가 처음으로 '투자 타임머신'이라는 전략을 생각하며 그려본 것을 업데이트한 것이다. 그림의 가로축은 국가별 평균 연령을, 세로축은 국가별 1인당 국민소득을 나타낸다. 일본, 한국, 중국, 베트남, 인도를 각각의 위치에 나열해 보면 우상

2장
투자 타임머신으로 인도 주식 찾아보기

향하는 경로 위에 나란히 늘어서 있는 것을 알 수 있다. 맨 왼쪽 상단의 일본은 가장 늙었지만 가장 부유한 나라다. 반대로 인도는 가장 젊고 가장 가난한 나라다. 이 그림에서 중요한 것은 이 국가들의 위치가 계속해서 오른쪽 상단으로 이동한다는 것이다. 국가도 나이가 들고 소득이 늘어난다는 의미다. 물론 나이만 먹고 소득은 늘지 못하는 국가들도 많지만, 최소한 그림에 나온 이들 국가들은 나이와 함께 소득도 증가할 가능성이 높다.

이 그림을 처음 그리면서 나는 국가도 하나의 사람과 비슷하다고 생각했다. 투자자의 관점에서 중요한 점은 사람처럼 국가도 특정 연령대와 특정 소득 수준에 도달하면 유사한 행동 패턴을 보인다는 것이다. 즉, 대학을 졸업하고 직장에서 돈을 벌기 시작하면 결혼을 생각하고 아이를 낳는다. 그러고 나서 집을 사고 좋은 가전제품과 자동차를 구입한다. 가족과 외식도 하고 건강에도 더 신경을 쓰기 시작한다. 은퇴할 나이가 되면 소득 수준이나 축적된 부의 규모는 많지만 소비는 오히려 소극적으로 변하게 된다.

국가도 마찬가지다. 젊은 국가는 앞으로 소득이 늘어날 것이라는 자신감이 있어 노인 국가보다 더 활발하게 소비할 것이고, 그 소비 수준은 소득 증가에 따라 계속 늘어날 것이다.

중국 인당 GDP(달러)

Source : Bloomberg, World Bank

　한 가지 더 주목할 부분은, 중국의 경우 2007년부터 2022년까지 2,000달러 중반에서 12,000달러를 돌파하기까지 약 15년이 소요되었으며, 이 기간 동안 연평균 약 10.9%의 성장률을 기록했다. 10.9%로 15년간 성장한다는 것은 쉬운 일이 아니다. 특히 14억 인구를 감안하면 더욱 어려운 일이다.

　따라서, 중국의 2007년경에 해당하는 인도가 얼마나 빠른 속도로 성장을 지속할 수 있는지가 우리 투자 성공의 관건이 될 것이다. 중국은 공산당 체제 특성상 도로와 공장을 원하는 위치에 빠르게 건설할 수 있어 속도전에 유리했다. 반면, 인도는 정치체제의 차이로 인해 중국보다는 조금 더 낮은 속도로 성장할 것이라고 보는 것이 합리적이다. 인도의 성장 속도가 인도 투자 전략의 가장 큰 리스크일 것이다.

하지만 인도가 중국의 성장 궤적을 따라 발전하는 과정이 지속되기만 한다면, 조금 늦어진다고 해도 큰 문제가 되지 않을 것이다. 맞는 방향의 길을 조금 천천히 걷는 것이, 길이 맞는지 틀리는지 불안해하며 빨리 가는 쪽보다 더 마음 편한 투자라고 생각된다.

다만, 인도의 발전 속도를 이야기하다 보면 인도에 대해 부정적인 이미지를 가진 사람들이 의외로 많다는 것을 알게 된다. 대표적인 예로, TV 여행 프로그램에 비춰진 낙후된 인도의 생활 모습, 힌두교 신자들의 낯선 모습, 그리고 많은 사람들이 걱정하는 인도의 신분 제도인 카스트제도가 있다. 이러한 견해를 부정하고 싶지는 않다. 나 역시 인도를 자세히 보기 전에는 비슷한 생각을 가지고 있었기 때문이다.

하지만 지금은 이런 이야기를 들을 때마다 거꾸로 이런 이야기를 하고 싶다. 2000년 당시 인도의 글로벌 GDP 순위는 13위였고, 한국은 12위로 한 단계 위에 있었다. 그런데 2022년 한국은 여전히 12위를 유지하고 있지만, 인도는 5위로 올라섰다. 그들을 지배했던 영국은 2000년 4위였으나, 인도는 그 영국까지 따라잡았다.

많은 투자 기관들은 인도가 멀지 않아 3위 일본과 4위 독일을 제치고 글로벌 3위의 GDP 규모를 차지할 것이라고 전망하고 있다. 힌두교, 카스트제도, 부패 등의 문제들이 있는 것은 분명하지만, 중요한 것은 그런 문제들에도 불구하고 인도가 전 세계에서 가장 빠른 속도로 성장하는 국가 중 하나라는 점이다. 단편적인 문제들을 걱정하기보다는 그런 문제들을 극복하고 인도가 더 빠른 속도로 성장할 수 있는 긍정적인 변수들에 주목할 필요가 있다. 세상에 문제없는 나라는 없다. 이런 상황에서 나는 항상 "한국은 문제가 없는 나라인가?"라고 되묻는다.

따라서, 지엽적인 문제에 매몰되기보다는 전체적인 발전 속도를 보고, 문제들이 하나씩 개선되는 과정에서 투자 수익을 창출할 기회를 찾는 것이 더 합리적인 판단이라고 생각한다.

2.

두 번째 단계:
2006년 이후 중국에서 주가가 가장 많이 오른 업종 선별

이제 중국이 현재의 인도와 유사한 발전 단계를 보였던 2006년경부터 최근까지 어떤 업종과 종목들이 가장 높은 수익률을 보였는지 분석해 볼 차례이다. 이 단계가 투자 타임머신 전략의 가장 중요한 단계이다.

최근 5년간 인도의 대표적 주식시장 인덱스인 NIFTY 50 지수는 10개의 세부 업종 인덱스 중 8위의 저조한 성과를 보였다. 그리고, NIFTY 50 인덱스에서 34%로 가장 높은 비중을 차지하는 금융주 인덱스는 10개 중 최하위 수익률을 기록해서, 금융주만 빼고 샀다면 훨씬 좋은 수익률을 올릴 수 있었다. 그렇다면 앞으로 인도에서 어떤 업종을 고르는 것이 가장 좋은 수익률을 낼 수 있을까? 결국 이 질문에 대한 답을 찾는 것이 우리의 최종 목표이다.

이 답을 찾는 방법은 많다. 각각의 업종을 분석하고, 미래를 예측하고, 그중에서 가장 좋은 업종을 찾는 등 여러 가지 방법이 있다. 하지만 '분석'과 '예측'이라는 단어 속에 담긴 무수히 많은 가정과 변수를 모두 맞추기는 쉬운 일이 아니다. 게다가 예측 기간이 1~2년도 아니고, 5년, 10년 또는 그 이상이라면 분석과 예측보다는 점치기에 가깝다고 볼 수 있다. 워런 버핏의 투자 철학 중 "10년을 투자할 것이 아니면 하루도 투자하지 말라"는 유명한 말이 있지만, 우리 같은 평범한 사람들이 10년 치를 전망한다는 것은 매우 난감한 일이다.

그래서 그 대안으로 투자 타임머신이라는 방법을 사용하는 것이다. 정확한 예측은 불가능할 테니, 과거의 사례를 연구해서 가장 우수한 수익률을 보였던 샘플을 찾고, 이와 가장 유사한 현재의 타깃을 찾는 것이 투자성공의 확률을 높일 수 있다고 보았다. 이런 관점에서 인도 주식시장에서 앞으로 10여 년간 가장 좋은 성과를 보여줄 업종을 찾기 위해 중국을 샘플로 사용할 것이다. 중국이 인도와 가장 유사한 발전 단계였던 2006년경부터 어떤 업종이 가장 좋은 성과를 보였는지를 살펴볼 것이다. 이는 지난해 시험 문제지를 선배들에게 물려받아 이번 시험을 준비하는 것과 유사하다고 생각해도 될 듯하다.

또한, 인도의 주식시장이 이미 높은 상승을 했기 때문에 지금 진입해도 될지 걱정이 있을 수 있다. 따라서 최악의 케이스를 가정하여 중국 주식시장 최고점에 매수를 시작했다면 어떤 수익률이 나왔을지 분석하는 스트레스 테스트도 해볼 것이다.

2006년~2021년:
1인당 GDP 2,000달러 이후 기간 분석

우선, 중국의 2006년 1월부터 2021년 12월까지의 업종별 상승률을 살펴보면 다음과 같다. 다행히 중국 본토 주식시장에는 31개의 세분화된 업종별 지수가 있어 이를 사용해 업종 간의 움직임을 비교할 수 있었다.

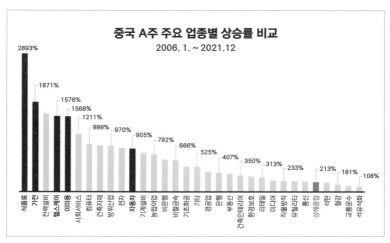

출처: WIND

인도 컨슈머 파워,
새로운 미래를 선점하라

제시된 그래프는 2006년 1월 1일부터 2021년 12월 말까지의 업종별 인덱스 총수익률 기준 상승률을 보여준다. 예를 들어, 가장 높은 상승률을 보인 식음료 업종은 2006년 1월 대비 2021년에 2,893%의 수익률을 기록해 약 28배 상승했다. 두 번째로 높은 상승률을 보인 가전 업종은 1,871%, 즉 약 18배 상승했다. 이는 개별 종목이 아닌 업종 내 종목 전체의 평균 상승률이 28배, 18배 상승한 것이다. 그러나 상해 종합지수는 31개 업종 중 상승률이 약 29번째로 낮아 213%, 즉 약 2배밖에 상승하지 못했다. 다시 말해, 시장 전체는 겨우 2배 상승하는 동안 잘나가는 업종들은 10배, 20배 상승했다. 따라서 업종만 잘 고르면 시장 상황과 상관없이 높은 주가 상승을 기대할 수 있었다. 중국의 사례를 보면 인도 주식시장에서도 대표 인덱스인 NIFTY 50 지수보다는 특정 업종을 잘 골라 장기 투자하면 훨씬 높은 수익을 기대할 수 있을 것이다.

또 하나의 특징은 상승률 상위 업종에 식음료, 가전, 헬스케어, 이·미용, 자동차 등 소비 관련 업종들이 포함되어 있다는 점이다. 소비 관련 업종은 소득 증가와 매우 밀접한 관계가 있어, 인도의 1인당 GDP가 지속 상승하면 구조적으로 동반 성장할 가능성이 크다. 중국에서도 소득 증가와 소비 업종의 동반 상승이 있었다는 점은 긍정적인 사례로 볼 수 있다.

업종별 상승률을 보면서 느꼈던 가장 긍정적인 점은 업종별 상승률의 절대적인 크기가 매우 컸다는 것이다. 장기 투자를 전제로 분석하는 것이므로, 장기 투자에 걸맞은 충분한 수익을 안겨줄 수 있는 가능성이 필요했는데, 업종 인덱스가 10배, 20배씩 상승했다는 점도 매우 긍정적이다.

2002년~2007년:
1인당 GDP 2,000달러 이전, 초기 성장기 기간 분석

앞서 살펴본 중국의 2006년 이후 업종별 상승 그래프를 1장에서 확인했던 인도의 10개 업종별 상승률 그래프와 비교하다가 우리는 조금 이상한 점을 발견하게 되었다. 우리의 궁금증은 이랬다. 인도의 지난 5년간 상승률 상위 업종들은 메탈(금속), 소재, 부동산, 에너지 등 소위 경기 민감주였다. 반면, 2006년 이후 중국의 상승률 상위 업종들은 주로 소비와 관련된 업종들이었다.

그래서 중국의 1인당 GDP가 2,500달러에 도달하기 이전 5년간인 2002년에서 2007년의 기간에는 어떤 업종이 상승을 주도했는지 살펴보기로 했다.

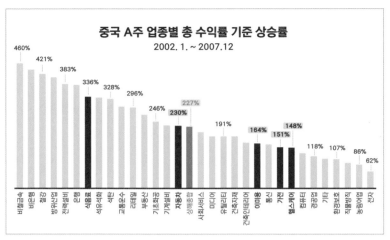

중국 A주 업종별 총 수익률 기준 상승률
2002. 1. ~ 2007.12

출처: WIND

  한눈에 보기에도 2006년 이후의 상승률과는 다른 모습을 보인
다. 분석 기간을 2002년~2007년으로 정한 것은 중국이 2002년
WTO에 가입하고 1인당 GDP가 1,000달러에서 단숨에 2,000달러
로 가장 빠른 성장을 보였던 시기여서, 인도의 최근 5년과 유사하
다고 보았기 때문이다.

  이 기간에 업종별 주가 상승률을 살펴보면, 상승률 상위를 차지
한 업종은 비철금속, 철강, 전력 설비, 석유화학, 석탄 등 원자재,
인프라, 유틸리티 등의 업종이었다. 이는 중국의 경제발전 초기 산
업 인프라와 부동산 건설 붐에 따른 철근 등 원자재 수요 증가가 주

가 상승의 주요 원동력이었음을 알 수 있다. 반면, 2006년 이후 상 승률 상위에 포진해 있던 가전, 이 · 미용, 자동차, 헬스케어 업종 은 이 기간에는 평균 또는 평균 이하를 보여주고 있다.

결과적으로 1인당 GDP가 2,000달러대를 기점으로 중국의 경제 발전 축이 달라졌고 볼 수 있다. 이전에는 경제발전을 위해 도로를 깔고, 전력 설비를 늘려야 했기 때문에 인프라 관련 비철금속, 철 강, 전력 등 업종이 상승을 주도했다. 그러나 1인당 GDP가 2,000 달러 같은 일정한 수준을 넘어서면서 소득 증가에 따른 소비 관련 주식들이 성장을 주도했다.

이러한 중국의 사례를 인도에 대입해보면, 지난 5년간 인프라와 부동산 관련 업종이 주가 상승을 주도했고, 소비 관련 주들이 상대 적으로 부진했던 것은 이해할 수 있다. 인도 역시 인프라를 먼저 구 축해야 해외의 공장들을 유치할 수 있기 때문이다. 하지만 인도의 1 인당 GDP도 2,000달러를 넘어가고 있기 때문에 주식시장의 주도 주가 소비 관련 업종으로 변화할 가능성이 높아진다고 볼 수 있다.

소비 업종 상승 주도의
백업 데이터 확인

　1인당 GDP가 2천 달러를 넘어서면서 소비 업종이 주식시장 상승을 주도했다는 것은 확인되었다. 하지만 이러한 현상이 왜 발생했는지 이해해야, 같은 현상이 인도에서도 재현될 수 있을지 확신할 수 있다. 그래서 관련 데이터를 좀 더 찾아보았다.

　다음 그림에서 보듯, 중국의 소매 판매 금액 및 소비 지출 금액의 전년 동기 대비 증가율은 2000년대 중반부터 2010년 초반까지 가장 빠른 속도로 증가했다. 이는 소비 관련 업종의 주가 상승의 원동력이 되었음을 보여준다. 소득이 증가하면서 소비 지출이 소득 증가보다 더 빠른 속도로 증가하는 것은 대부분 국가가 보여주는 전형적인 성장 과정 중 하나다.

- 중국 소비지출 증가 그래프
  - 중국 소매 판매 총액 2021년 약 44조 위안 고점 후 2023년 하락. 중국 1인당 GDP 2천 달러 돌파 후 1만 달러 도달까지의 기간인 2006년~2019년의 소매 판매 금액 증가율이 가장 빨랐으며, 동 기간 CAGR(Compound Annual Growth Rate, 연평균 성장률) 14.3%를 기록함.

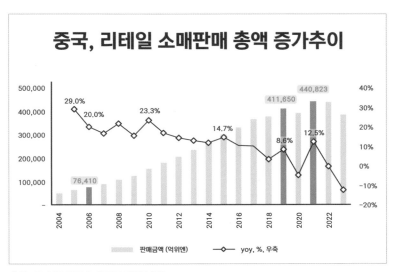

중국, 리테일 소매판매 총액 증가추이

출처 : BLOOMBERG, 한국투자신탁운용

중국의 1인당 GDP가 2천 달러에서 1만 2천 달러로 성장하는 동안 연평균 상승률(CAGR)은 10.9%였다. 그런데 앞의 그래프에서 보이는 2006년~2019년의 소비 지출 증가 속도는 연평균 14.3%로 소득보다 더 빠르게 늘어났다. 이런 현상이 가능했던 이유는 빚이 함께 늘었기 때문이다. '빚'이라는 표현이 약간 부정적으로 들리지만, 대부분의 국가에서 경제가 발전하면서 은행, 신용카드 등 제도권 금융 시스템에 접근할 수 있는 인구가 늘어나고, 디지털 금융과 할부 구매 등 소비자 금융의 보급률 확대가 발생한다. 이로 인해 가전제품, 자동차 등의 구매력이 소득 증가율보다 더 빠르게 증가하는 것이다.

인도의 경우에도 모디 총리 집권 후 전 국민 은행 계좌 갖기 운동을 실시하였고, 디지털 금융의 보급 확대를 통해 계좌번호를 몰라도 개인 간 송금이 가능한 시스템을 구축했다. 이러한 디지털 금융 거래가 증가하면서 이를 기반으로 신용 분석이 이루어지고 소액 대출이나 할부 구매 대출 등의 소비자 금융이 발전하고 있다. 실제로 인도의 에어컨 점유율 1위 기업인 Voltas의 설명을 들어 보면, 코로나 이전에는 거의 없었던 할부 구매 비율이 최근에는 판매량의 25% 정도까지 늘어났다고 한다.

이머징마켓 국가들이 유선전화를 건너뛰고 곧바로 스마트폰 시대로 접어든 것처럼, 인도는 금융 서비스에서도 오프라인 은행과 신용카드를 건너뛰고 곧바로 디지털 금융으로 넘어가고 있다. 이러한 온라인 금융 서비스의 확대는 결국 소비의 증가로 이어질 것이다.

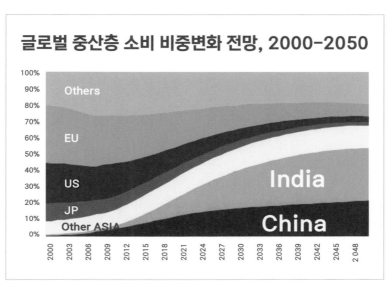

글로벌 중산층 소비 비중변화 전망, 2000-2050

출처: OECD Development Centre(HomiKharas, Working Paper No. 285)

이런 배경에서 OECD도 향후 인도가 중국을 제치고 글로벌 소비를 주도할 것으로 전망하고 있다. 중국의 소비 성장이 가속화된 구간이 1인당 GDP가 2,000달러에서 10,000달러 사이였음을 고려할 때, 인도의 경우 지금부터 앞으로 10여 년 동안 가전, 헬스케어, 자동차 등의 소비 관련 주식들이 주가 상승을 견인할 것으로 예상하는 것은 매우 합리적인 판단이다.

또 하나의 궁금증, 만일 중국의 최고점에 투자했다면 소비 업종 주가는 어땠을까?

긍정적인 변수들을 확인했지만, 위험 요인도 살펴보지 않을 수 없다. 인도 시장에 대해 주변 사람들과 얘기를 나누다 보면 거의 매번 듣는 이야기가 "근데 인도 시장 너무 오르지 않았어?"이다. 그래서 인도 시장이 더 오를 수 있는 여력이 얼마나 될지를 점검해 보지 않고서는 인도 투자 전략의 방향을 잡기가 어려울 것 같았다.

이럴 때 내가 가장 자주 사용하는 방법은 최악의 상황을 가정해서 스트레스 테스트를 해보는 것이다. 스트레스 테스트 역시 중국의 사례를 활용해서 해보기로 했다. 중국에 관심 있던 투자자라면 기억하겠지만, 중국 시장의 역사상 고점은 상해 종합지수가 6천 포인트를 넘었던 2007년 10월이다. 현재 상해 종합지수는 3천 포인트대로 2007년의 고점 대비 거의 절반 가까이 하락해 있는 상황이다.

그렇다면, 만약 우리가 중국 주식시장이 역사상 최고점을 기록했던 시점에 투자했다면 어땠을까? 우리가 주목하는 소비 업종들의 주가는 과연 어땠을까? 소비 관련 업종들이 이 극단적인 테스트를 통과한다면, 만에 하나 지금의 인도 주가가 최고점이라고 해도 마음 편히 투자를 할 수 있을 것 같다. 이 테스트의 결과는 다음의 그래프를 보면서 설명하겠다.

2장
투자 타임머신으로 인도 주식 찾아보기

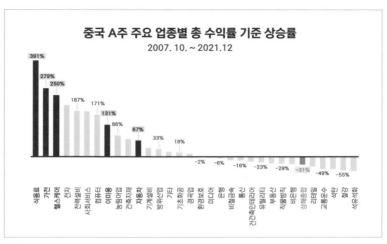

중국 A주 주요 업종별 총 수익률 기준 상승률

2007. 10. ~ 2021.12

출처: WIND

 제시된 그래프는 중국 주식이 역사상 고점을 기록했던 2007년 10월 1일부터 2021년 12월 말까지 업종별 주가 상승률을 분석한 것이다. 기본적으로 2006년 1월부터 시뮬레이션했던 1인당 GDP 2,000달러 이후의 업종별 수익률 분포와 크게 다르지 않다.

 그래프의 맨 오른쪽 부분에 위치한 상해 종합지수는 −31% 하락하며 31개 업종 중 27등의 수익률을 기록했다. 앞서 살펴보았던 2002년~2007년까지의 업종별 수익률에서 상위를 기록했던 석유화학, 철강, 석탄, 교통 운수, 부동산 등의 업종이 하위권에 모두 모여 있는 점을 볼 수 있다. 즉, 인프라, 부동산, 철강 등 경기민감

주를 고점에서 잘못 매수할 경우 15년이 지나도록 원금 회복이 요원하다.

반면에 식음료, 가전, 헬스케어, 이·미용, 자동차의 소비 관련 업종들은 역사상 고점에서 투자했더라도 여전히 업종지수가 391%에서 67%의 높은 수익률을 기록하고 있음을 알 수 있다. 설사 역사상 고점 근처에서 매수를 했더라도, 성장하는 소비 관련주를 매수했다면 여전히 좋은 수익을 거둘 수 있었다는 이야기다.

이렇게 되면 지금의 인도 시장이 너무 올랐는지에 대해 크게 고민할 필요가 없어 보인다. 하락 걱정에 언제 사야 할지 고민하거나 빠질 때를 기다리는 것은 큰 의미가 없을 수 있다. 그런 고민에 힘을 쓰기보다는 인도의 소비 업종들이 중국의 성장 궤적을 따라서 지속적으로 성장할 수 있는지에 더 집중하면 될 것이다.

3.

세 번째 단계:
인도의 컨슈머 파워
도플갱어 찾기

이제 다소 편안한 마음으로 중국에서 우수한 수익률을 보였던 업종 및 종목들과 유사한 인도의 도플갱어 업종을 찾아내기만 하면 된다. 편의상 우리가 찾아야 하는 인도의 타깃 종목들을 '도플갱어'라고 부르겠다. 이는 중국에서 가장 좋은 수익률을 보여줬던 샘플 종목들과 가장 유사한 인도의 종목들로, 우리가 투자해야 하는 최종 타깃 종목들을 의미한다. 이 과정은 정리된 표를 이용해서 압축해서 설명하겠다.

첫 번째,
인도의 컨슈머 파워 업종 찾기

1) 중국에서 가장 우수한 수익률을 보였던 5개 업종 선택

2) 인도에서 유사성을 찾을 수 있는 3개 업종으로 압축

중국 업종	업종지수 상승폭	중국 업종 주가상승 원동력	중국 업종 주가상승 종목 특성	인도 업종의 유사성	결론
식음료	2893%	중국 고급 백주 수요증가. 소비 고급화 수혜	마오타이 등 백주회사들만 상승, 기타 식음료 부진	중국 전통주 문화 영향, 인도와 유사성 낮음	제외
가전	1871%	에어컨 등 가전제품 보급률 상승, 판매량/단가 동반상승	업종 내 대표주 및 로컬기업이 주가상승 주도 (브랜드 파워, R&D투자)	인도와 유사성 매우 높음 (소득증가로 수요증가, 대표 종목선정 용이)	선택
헬스케어	1576%	의료보험 가입률 상승 의료지출, 수요, 병원서비스 모두 증가			
이미용	1568%	소득증가로 뷰티수요 화장품, 이미용 수요증가	업종 내 종목 간 부침심화 장기투자 종목선택 어려움	투자가능 인도 종목 발굴 어려움. 모니터링 지속	보류
자동차	905%	자동차 침투율 증가 로컬 기업 점유율 상승	업종 내 대표주 및 로컬기업이 주가상승 주도 (브랜드 파워, R&D투자)	인도와 유사성 매우 높음 (소득증가로 수요증가, 대표 종목선정 용이)	선택

중국의 수익률 상위 소비 관련 5개 업종 중에서 인도에 유사한 업종이 있는지를 살펴보고, 그중에서 유사성을 보유한 3개의 가전, 헬스케어, 자동차의 3개 업종으로 압축했다. 이·미용이나 식음료는 인도에서 유사성을 가진 업종이나 종목을 찾는 게 쉽지 않아 보여 제외했다.

　식음료 업종의 경우, 가장 높은 주가 상승률을 보여준 업종이기는 하나, 업종지수 상승의 대부분은 마오타이와 우량예 같은 백주 회사들의 주가 상승이 견인한 것이다. 아마도 중국 투자를 하지 않는 투자자들도 마오타이 주식이 많이 올랐다는 것은 들어보았을 것이다. 그만큼 마오타이를 중심으로 한 중국 전통 고급술인 백주의 주가는 우수했다. 그러나 인도에서는 이런 전통 고급술 회사를 찾을 수가 없었기 때문에 분석 대상에서 제외했다.

　이·미용 업종의 경우, 인도 사람들도 소득이 늘면서 화장품 소비가 늘어날 것이라는 점에서는 잠재력이 충분히 있다고 본다. 그러나, 현재의 인도 주식시장에서는 싱크로율이 높은 인도 회사를 찾기가 어려웠다. 인도에 상장된 주식 중에서 그나마 가장 화장품에 가까운 회사는 힌두스탄 유니레버 정도인데, 이 회사가 만드는 제품은 셀 수 없이 많아서 화장품 사업의 매출 비중이 어느 정도인지 가늠하기조차 어렵다. 화장품 종류로 분류할 수 있는 제품들이 있기는 하지만, 세제, 샴푸, 심지어 음료까지 만드는 만물상에 가

깎기 때문에 우리 투자 전략에 적합하지 않다.

또 하나 언급할 부분은 힌두스탄 유니레버 같은 제품을 만드는 회사를 필수소비재 회사라고 부른다는 것이다. 필수소비재는 말 그대로 생활하는 데 없으면 안 되는 필수적인 제품들이다. 이런 필수소비재 수요는 소득 증가의 초기부터 빨리 나타난다. 없으면 너무나 불편하기 때문에 돈이 생기면 가장 먼저 구매를 하는 제품들이다. 그러나 이를 다르게 이야기하면, 인도도 이러한 필수소비재의 수요는 이미 상당 부분 채워지고 있다는 것을 의미한다. 즉, 추가적인 성장의 속도는 상대적으로 둔화될 것이다.

반면, 없어도 사람이 살 수는 있지만, 있으면 더 좋고 편리하고 행복해질 수 있는 것들의 수요는 이제부터 시작된다고 본다.

이러한 측면에서 중국의 주가 상승 상위 5개 업종 중에서 3개를 골라냈다.

두 번째,
인도의 컨슈머 파워 종목 찾기

중국의 3개 선택된 업종 중에서 대표적인 종목들을 골라낸 뒤, 해당 종목과 가장 유사한 인도의 종목을 찾는 작업을 진행했다. 가전 업종에서는 하이얼스마트홈(600690), Gree전자(000651), 저장수포얼(002032)의 세 종목을 샘플로 선택했다. 업종 지수가 최대 약 18배 상승하는 동안 이들 업종 내 대표 기업들의 주가는 각각 45배, 104배, 63배의 상승을 보였다. 상상을 초월하는 수치다. 이 종목별 상승률도 배당수익을 재투자한 것으로 가정한 총수익률(Total Return)이 기준이다.

자동차 업종에서는 장성자동차 182배, BYD 112배, 화위자동차 32배로 최대 총수익률 상승을 보였으며, 헬스케어 업종도 대표 종목인 아이얼안과 95배, 항서제약 166배, 화동의약 50배로 최대 상승률을 보였다.

이들 종목들은 중국의 대표적인 주식들이면서 각자 속한 산업 및 업종 내에서 1등, 2등을 다투는 회사들이다. 이 종목들은 중국 투자를 했던 분들은 들어 보았을 주식들이지만, 이 회사들의 장기 주가 상승률이 이렇게 높았다는 것을 아는 사람은 많지 않을 것이다. 내 생각에는 중국 현지 투자자들도 이 종목들이 100배씩 상승했다고는 미처 인지하지 못했을 것이다. 왜냐하면 이렇게 오랜 기간 투자를 한다고 상상도 해본 적이 없기에, 이렇게 오랜 기간의 주가 상승률에 관심이 없기 때문이다.

나 역시 10년 전에 중국국제여행사를 통해 하나투어의 주가를 확인해 보지 않았더라면 같은 상황이었을 것이다. 독자들도 멀리

갈 필요 없이 한국의 삼성전자나 누구나 알 수 있는 대표 종목들의 장기 주가 상승률을 검색해 보면 우리의 주변에도 우리가 모르는 사이에 수십, 수백 배 주가 상승을 보인 종목들이 적지 않다는 것을 알 수 있다. 중국의 이 종목들은 특이한 종목이라기보다는 우리가 조금만 길게 바라보면 얼마든지 찾을 수 있는, 우리 주변에 흔히 있는 종목들이다.

중국 업종	중국 주가상승 대표종목	블룸버그 티커	최고 상승률	중국 대표종목 특징
가전	하이얼 스마트홈	600690 CH EQUITY	45배	중국 종합가전 1위
	Gree전기	000651 CH EQUITY	104배	중국 에어컨 1위
	저장수포얼	002032 CH EQUITY	63배	압력솥 등 주방가전 1위
자동차	장성자동차	2333 HK EQUITY	182배	로컬 대표브랜드 SUV전문, 1위
	BYD	1211 HK EQUITY	112배	로컬 대표브랜드 전기차 1위
	화위자동차	600741 CH EQUITY	32배	자동차 부품 1위
헬스 케어	아이얼안과	300015 CH EQUITY	95배	안과전문민영병원 체인 1위
	항서제약	600276 CH EQUITY	166배	제약, 바이오 신약 중국 1위
	화동의약	000963 CH EQUITY	50배	제약, 당뇨병 제네릭

출처: WIND, 블룸버그

2장
투자 타임머신으로 인도 주식 찾아보기

아마 이쯤에서 나와 같은 의문을 가진 독자들이 있을지도 모르겠다. 내가 이 단계까지 분석을 진행한 뒤 들었던 의문은, 업종은 그렇다 쳐도 업종 내에서 가장 많이 상승한 이 종목들을 2005년 말에 어떻게 고를 수 있었냐는 것이다. 지금은 정답을 알고 주가가 제일 많이 오른 종목을 고른 것이지만, 당시에는 어떤 것이 오를지 알 수 없었다. 이 문제에 대한 답을 찾아야 인도에서 선택된 업종 내에서 가장 좋은 종목을 골라내는 데 사용할 수 있을 것이다. 그래야 업종 지수보다 훨씬 더 높은 최종적인 주가 상승률을 기대할 수 있으므로, 어떤 기준으로 종목을 골라야 할지 고민해 보았다.

사실 이 문제는 지난 10년간 중국에서 1차 투자 타임머신 전략을 시도한 이후 계속해서 고민했던 것이나, 결과적으로 내가 찾은 답은 의외로 단순했다.

1) 첫 번째 방법은 해당 업종 내에서 그 당시 기준으로 가장 대표적인 종목 또는 1위 종목을 사는 것이다. 굳이 복잡하게 미래를 예측할 필요가 없다.

   – 예를 들어, 하이얼스마트홈과 Gree전기는 2006년에도 각각 종합가전 1위, 에어컨 1위 전문기업이었다. 장성자동차는 SUV전문 기업으로 대표적인 로컬브랜드 자동차였으며, BYD는 워런 버핏의 투

자를 받을 만큼 대표적인 중국 전기차 기업이었다. 항서제약도 당시나 지금이나 1위 제약사이다. 화동의약은 당시 중국의 늘어나는 당뇨병 환자들을 타깃으로 한 대표적인 당뇨병 치료제 개발 제약사였다.

– 앞서 언급한 것처럼 투자 타임머신 전략에서 가장 중요한 판단은 업종을 잘 고르는 것이다. 업종을 골랐다면 너무 고민하지 말고 1위 기업 또는 그 당시 시점에서 가장 잘하고 있는 대표기업을 사면 된다. 그 기업들이 10년, 20년 뒤에도 1위일 가능성이 높기 때문이다. 꼴찌가 1위로 역전하는 드라마도 가능할 수는 있지만, 이런 일이 벌어질 확률을 고려해 본다면 합리적인 투자는 아니다. 그냥 편안한 마음으로 1등 기업을 사기만 해도 이 정도 수익을 기대할 수 있다면 충분하다고 생각한다.

– 만일 종목을 잘못 골랐다고 해도 업종만 잘 골랐다면 크게 걱정할 것이 없다. 좋은 업종의 평균적인 상승률이 10배 또는 20배라면, 그 안에서 2등 또는 3등을 골랐다고 해도 마이너스인 업종에서 제일 좋은 회사를 고른 것보다 수익률이 좋을 것이기 때문이다.

2) 두 번째 방법은 복기를 통해 추가적인 종목 선택 기준을 보완하는 것이다(이 방법에 대해서는 3장에서 자세하게 이야기하겠다).

– 예를 들어, 가전 업종의 경우 2006년 당시 냉장고, 세탁기, 에어컨,

TV 등의 가전제품별로 보급률 수준을 살펴보았다. 그중 에어컨의 보급률이 가장 낮은 수준에서 시작해서 가장 높은 보급률에 도달하며 최대 성장을 보였다. 이런 이유로 종합가전업체인 하이얼보다 에어컨 전문기업인 Gree전기의 주가 상승률이 압도적으로 높을 수 있었다. 그렇다면, 인도에서도 종목을 선택할 때 이왕이면 현재는 보급률이 낮은 수준이지만 향후 보급률이 증가할 가능성이 더 높은 가전제품을 선택하면 된다. 다행히 인도 역시 에어컨의 보급률이 가장 낮은 상황이며, 에어컨을 전문으로 만드는 1위 기업도 존재한다.

- 자동차의 경우에는 중국의 SUV 차종 비중이 급증한 것을 참고할 수 있다. 중국의 자동차 판매량 자체도 늘었지만, 그 와중에 SUV의 비중이 높아지면서 SUV를 전문으로 만드는 기업의 판매량과 주가가 가장 빠르게 상승했다. 또한, 중국 자동차 업종에서 찾을 수 있었던 특징 중 하나는 로컬 브랜드들의 점유율 확대였다. 중국의 장성자동차는 이 두 가지 조건을 모두 충족하는 SUV 전문 로컬 브랜드였기 때문에 182배의 최대 주가 상승률을 보일 수 있었다. 다행히 인도 또한 SUV를 전문으로 생산하는 로컬 브랜드 기업이 있으니 큰 고민 없이 선택할 수 있다.

- 헬스케어 업종도 의료비 지출 총액에서 병원비 비중이 60%를 넘는 최대 규모이기 때문에 상장된 병원이 가장 먼저 의료비 지출 증

가의 수혜를 받을 수 있었다. 그리고 중국의 아이얼안과라는 안과 전문 체인병원의 주가 상승률이 최대폭을 보여주었다. 그런데 인도에는 대형 종합병원이 여러 개 상장되어 있고 헬스케어 업종 성장을 주도하고 있기 때문에 그중에 제일 잘하고 있는 회사를 선택하면 된다. 다만, 제약회사의 경우 회사별 주력 의약품의 종류가 다르기 때문에 1대1 비교보다는 그룹으로 묶어서 여러 개의 제약사를 하나로 보고 매수하는 방법이 유효해 보인다.

2006년으로 돌아갔을 때 종목 선택에 사용해야 하는 기준들이 이와 같다면, 이 기준들을 이용해 인도의 도플갱어 종목들을 선택해 보자. 인도의 가전, 자동차, 헬스케어 업종들에서 대표적인 종목들을 늘어놓고, 그중에서 Gree전기, 장성자동차, 아이얼안과 등과 가장 싱크로율이 높은 종목들을 고르는 것이다.

세 번째,
2006년의 중국에 어떻게 투자했어야 했나?

그렇다면 중국에서 3개 업종의 샘플 종목들은 어떻게 투자했어야 할까? 그 샘플 종목 중에서도 한 종목만 선택해서 집중적으로 투자했어야 할까? 만약 그렇게 해야 했다면 장성자동차 한 종목이면 충분했을 것이다. 최대 상승 폭이 182배였으니 말이다. 하지만 만일 장성자동차 하나만 매수했다면, 얼마 못 버티고 손절매를 했을 가능성이 크다. 장성자동차는 상승 폭도 컸지만, 하락 폭도 최대치였고 반토막이 났던 적도 여러 번이었기 때문이다. 그렇다면 메뚜기처럼 종목을 뛰어다니며 장성자동차의 단기 고점에 팔았다가 다시 빠지면 재매수하는 전략이 가능했을까? 현실적으로 이것이 불가능하다는 것은 경험적으로 우리 모두 알고 있다.

이 질문에 대한 답을 찾기 위해 중국의 샘플 종목들을 가지고 다양한 방식의 시뮬레이션을 해 보았다. 동일 비중으로 균등하게 분산 투자해서 매매 없이 보유하는 케이스, 균등하게 분산 투자한 뒤 정기적으로 리밸런싱하여 최초 비중으로 되돌리는 케이스, 종목들에 등급을 매겨 비중을 차등해서 보유하는 케이스 등 다양한 방식을 시뮬레이션했다.

시뮬레이션 결과, 매수 후 매매 없이 끝까지 보유하는 방식보다 정기적으로 최초 매수 비중까지 되돌리는 매매를 하는 케이스가 더 높은 수익률을 보였다. 이는 섀넌의 도깨비 효과가 작용했기 때문으로 판단된다. 주가가 단기에 급등해서 포트폴리오 내 비중이 증가한 종목은 리밸런싱 시기에 차익 실현을 하고, 상대적으로 덜 오른 종목을 더 사게 된다. 그러다 단기 급등했던 종목이 하락해서 비중이 줄게 되면 다시 추가 매수를 하는 것이다. 이론적으로 이런 과정을 통해 수익률이 개선되는 것을 섀넌의 도깨비 효과라고 한다. 다만, 섀넌의 도깨비 효과가 나타나기 위해서는 종목 간 주가 사이클이 달라야 한다. 동시에 올랐다 빠지면 효과가 없다.

중국의 경우 섀넌의 도깨비 효과가 상당히 뚜렷하게 나타났다. 시장 자체가 급등락을 반복했고, 세 가지 서로 다른 사이클을 가지는 업종들이 섞여 있었기 때문이다. 리밸런싱 주기는 큰 영향을 미치지 않았다. 3개월, 6개월, 1년 단위의 리밸런싱 결과는 의미 있는 차이를 보이지 않았다. 그리고 상승폭이 클 것으로 예상되는 종목에 비중을 좀 더 배분하고 리밸런싱을 하는 것이 가장 우수한 성과를 보였다.

따라서 우리는 '여러 종목에 분산 투자를 하되, 6개월 단위로 리밸런싱하는 케이스'를 대표적인 투자 방식으로 선택했고, 인도의 도플갱어 종목들 투자에도 기본 방식으로 적용했다. 다음 자료는 해당 방식으로 중국의 샘플 종목을 투자한 시뮬레이션 결과이다.

동일 비중으로 분산 투자하고 정기적으로 최초 편입 비중으로 리밸런싱하는 것을 기본 시나리오로 2005년 말 종가로 투자했다면 164배의 포트폴리오 수익률을 거둘 수 있었다.

2005년 말 10개 종목 동일 비중 투자, 6개월 단위 리밸런싱 가정 CASE, 총수익률 기준

업종명		시장전체	가전 업종		
종목명	동일비중 PF	상해종합	하이얼 전자	Gree전기	수보얼
종목코드		SHCOMP	600690 CH	000651 CH	002032 CH
시작가 100	100	100	100	100	100
시작일자	2005-12-31	2005-12-31	2005-12-31	2005-12-31	2005-12-31
최고가	16,433	539	4,539	10,410	6,335
최고가 일자	2021-02-16	2007-10-16	2021-01-25	2020-01-13	2020-07-29
최저가	100	100	100	92	100
최저가 일자	2005-12-30	2005-12-30	2005-12-30	2006-03-08	2005-12-30

업종명	자동차 업종			헬스케어 업종			
종목명	장성 자동차	BYD	화위 자동차	항서제약	운남백약	화동의약	아이얼 안과
종목코드	2333 HK	1211 HK	600741 CH	600276 CH	000538 CH	000963 CH	300015 CH
시작가 100	100	100	100	100	100	100	100
시작일자	2005-12-31	2005-12-31	2005-12-31	2005-12-31	2005-12-31	2005-12-31	2009-10-29
최고가	18,205	11,249	3,273	16,634	2,612	5,084	9,554
최고가 일자	2021-08-02	2022-06-28	2020-11-06	2020-12-25	2021-02-10	2021-05-31	2021-07-01
최저가	55	100	82	90	96	98	100
최저가 일자	2008-10-27	2005-12-30	2006-03-31	2006-02-27	2006-01-23	2006-01-04	2009-10-29

앞의 표는 이 책을 쓰게 만든 가장 중요한 내용으로, 표가 다소 복잡해 보일 수 있어 풀어서 설명하고자 한다. 표는 가전 업종 3종목, 자동차 업종 3종목, 헬스케어 업종 4종목으로 구성된 총 10종목의 2005년 12월 말 종가를 모두 100원이라고 가정한 뒤, 그 이후에 얼마까지 상승하고 하락했는지를 보여준다.

맨 왼쪽 열의 동일 비중 포트폴리오(PF)는 이 10개 종목에 각각 10%씩 균등하게 나누어 투자했을 경우의 수익률을 상해종합지수와 비교하여 나타낸다. 또한, 각 종목이 최고점과 최저점을 기록한 날짜를 표시하여, 얼마나 오래 걸려 최고점에 도달했는지와 언제 가장 많이 하락했는지를 분석했다.

종목별로 살펴보면, 가장 많이 상승한 종목은 장성자동차로 2005년 말 100원이 2021년 8월에 18,205원이 되면서 182배 상승했다. 하지만 2008년 10월에는 55원으로 하락하여 10개 종목 중 가장 큰 하락폭을 기록하기도 했다. 최대 상승 주가가 낮았던 종목은 운남백약으로 2021년 2월에 2,612원을 기록하며 약 26배 상승했다. 운남백약은 2006년 1월 최저가 96원을 기록한 이후 거의 하락 없이 상승을 유지한 종목이다. 장성자동차가 큰 변동성을 보였다면 운남백약은 조용하고 안정적으로 주가가 상승했다고 볼 수 있다. Gree전기는 2020년 1월에 10,410원을 기록하며 104배 상승했으나, 2006년 3월에는 92원까지 하락하기도 했다.

상해종합지수는 2007년 10월에 최고가 539원을 기록하며 약 5배 상승한 뒤, 400원 전후에서 횡보하고 있다. 중국처럼 부진한 시장에서도 업종만 잘 고르면 매우 높은 수익률을 보일 수 있었다는 점은 매우 긍정적인 사례로 볼 수 있다.

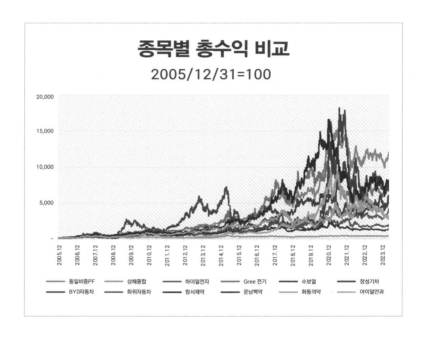

위의 그림은 10개 종목들의 주가를 그래프로 나타낸 것이다. 2005년 12월 말의 주가를 모두 100원으로 환산해 그렸기 때문에 수익률과 동일한 개념으로 보면 된다. 이 그림을 살펴보면 섀넌의 도깨비 효과가 크게 나올 수밖에 없었던 상황을 이해할 수 있다.

기본적으로 3개의 서로 다른 업종이 섞여 있어 업종별로 주가 움직임의 사이클이 달랐다. 게다가 같은 업종 내에서도 종목 간의 등락이 엇갈리면서 상승했기 때문에 이 효과가 더 크게 나타날 수 있었다. 참고로 섀넌의 도깨비 효과가 커지기 위해서는 모든 종목의 주가가 다 좋을 필요는 없다. 오히려 등락을 크게 거듭하는 종목과 현금처럼 큰 움직임을 보이지 않는 종목이 함께 있어도 섀넌의 도깨비 효과는 나타난다. 작은 변동성의 종목은 일종의 저금통 역할을 한다. 급등해서 차익 실현한 돈을 잘 보관하고 있다가 급등 종목이 급락할 때 다시 매수할 수 있는 현금을 제공하기만 해도 섀넌의 도깨비 효과는 나타날 수 있다.

상해종합 대비 동일비중 PF 상승률 비교
2005/12/31=100

2.16.2021
16,433

389

동일비중 PF   상해종합

출처: 블룸버그

    2005년 말 이후의 수익률을 확인하고 나니, 만일 최고점에 투자했다면 어땠을까 하는 궁금증이 들었다. 그래서 최악의 투자 타이밍 케이스도 두 번째 자료와 같이 시뮬레이션을 해 보았다. 즉, 중국의 상해 종합지수가 6천 포인트를 돌파해 역사상 최고점을 기록했던 2007년 10월부터 10개 종목에 투자를 시작한 사례를 시뮬레이션한 것이다. 이는 나도 믿기 힘들어서 여러 번 체크했을 만큼 29.9배라는 매우 높은 수익률이 나왔다. 업종별 지수의 스트레스 테스트와 마찬가지로 개별종목들의 분산투자 경우에도 우수한 수익률이 나왔다. 결국 상해 종합지수가 6천 포인트에서 3천 포인트로 하락하는 상황에서도 '될 놈은 되는' 결과를 확인할 수 있었다.

**2007년 9월 말 10개 종목 동일 비중 투자,
6개월 단위 리밸런싱 가정 CASE, 총수익률 기준**

업종명	동일비중 PF	시장전체	가전 업종		
종목명		상해종합	하이얼전자	Gree전기	수보얼
종목코드		SHCOMP	600690 CH	000651 CH	002032 CH
시작가 100	100	100	100	100	100
시작일자	2007-09-28	2007-09-28	2007-09-28	2007-09-28	2007-09-28
최고가	2,992	110	716	1,678	974
최고가 일자	2021-02-16	2007-10-16	2021-01-25	2020-12-02	2020-07-29
최저가	50	31	29	50	46
최저가 일자	2008-10-27	2008-11-04	2008-10-17	2008-10-29	2008-10-17

업종명	자동차 업종			헬스케어 업종			
종목명	장성자동차	BYD	화위자동차	항서제약	운남백약	화동의약	아이얼안과
종목코드	2333 HK	1211 HK	600741 CH	600276 CH	000538 CH	000963 CH	300015 CH
시작가 100	100	100	100	100	100	100	100
시작일자	2007-09-28	2007-09-28	2007-09-28	2007-09-28	2007-09-28	2007-09-28	2007-09-28
최고가	3,555	2,296	612	3,426	1,033	1,461	9,554
최고가일자	2021-08-02	2022-06-28	2020-11-06	2020-12-25	2021-02-10	2021-05-31	2021-07-01
최저가	11	51	29	88	70	45	100
최저가일자	2008-10-27	2008-09-23	2008-11-04	2008-10-27	2008-06-12	2008-11-04	2009-10-29

위의 표도 최악의 상황에서 어떤 결과가 나왔을지를 확인해 보는 매우 중요한 표이기 때문에 자세히 설명하겠다. 이 표는 중국 주식시장이 역사상 고점을 기록한 2007년 9월 말의 주가를 모두 100원으로 환산하여 이후 주가 상승률을 분석한 것이다. 앞서 살펴본 상승 국면과 마찬가지로, 주식시장 하락 국면에서도 최고가를 기록한 종목은 장성자동차로, 최대 3,555원까지 상승했다. 그러나, 2008년 10월 최저점에는 무려 11원까지 하락하며 90%에 가까운 하락폭을 보였다. 최저점은 여전히 2008년 10월이지만, 주가가 최

고에 달했던 2007년 10월과 비교했을 때 90%까지 하락한 것이다.

이 부분에서 분산투자의 효과를 기대할 수 있다고 본다. 한 종목에 몰빵하는 화끈함은 결과적으로 장기투자를 중단하게 만드는 결과를 가져올 확률이 매우 높다. 하지만 분산투자를 하는 경우인 동일 비중 포트폴리오(PF)의 수익률은 2008년 10월에도 50원까지만 하락했다. 이는 장성자동차보다 훨씬 낮은 하락폭이고, 심지어 상해종합지수의 31원보다 높은 수준이다. 중국 대표 인덱스가 31원까지 70% 하락하고, 개별 종목별로는 90%까지 하락하는 구간에서도 분산투자 PF는 50% 정도 하락으로 버틸 수 있었기 때문에 장기투자를 지속했을 확률이 더 높다.

동일 비중 PF는 단순히 하락폭을 방어한 것만이 아니라, 2007년 9월 말 최고점 이후 상승폭도 29배로 매우 훌륭한 수준이었다. 이는 10종목 중 4번째 수준으로 양호한 성과다. 소득 증가에 따른 수요 증가가 업종의 성장을 이끌었기 때문에, 주가가 사상 최고치에서 하락을 지속하는 와중에도 29배라는 높은 주가 상승을 보인 것이다.

참고로, 아이얼안과는 2009년에 상장하여 금융 위기를 겪지 않았기 때문에 다른 종목들과 달리 큰 주가 하락이 없었다. 만약 좀 더 최악의 상황을 가정하기 위해 아이얼안과를 시뮬레이션에서 제외하더라도, 분산투자 PF는 최대 약 20배 정도 상승했기 때문에 큰 지장을 주지 않는다.

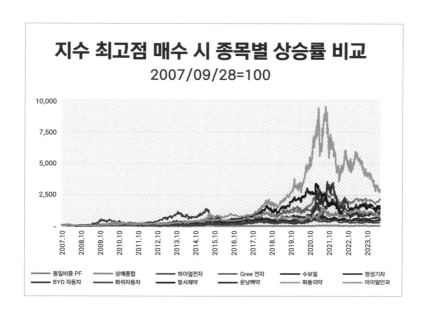

지수 최고점 매수 시 종목별 상승률 비교
2007/09/28=100

범례:
- 동일비중 PF
- 상해종합
- 하이얼전자
- Gree 전자
- 수보얼
- 장성기차
- BYD 자동차
- 화위자동차
- 항서제약
- 운남백약
- 화동의약
- 아이얼안과

지수 최고점 매수시 상해종합 & 동일비중 PF 상승률 비교
2007/09/28=100

2.16.2021
2,992

79

범례:
- 동일비중 PF
- 상해종합

출처: 블룸버그

네 번째,
인도 컨슈머 파워 도플갱어 종목 투자 방법

이제부터 우리가 선택한 인도의 도플갱어 종목들로 구성된 포트폴리오를 '인도 컨슈머 파워 주식'이라고 부르려 한다. 인도 컨슈머 파워 주식을 조금 더 늘려 업종별 1개씩 추가하고, 나머지는 헬스케어 종목을 더 추가했다. 종목별 편입 비중은 중국의 샘플 종목과 싱크로율이 높을수록 비중을 높게 배분하기로 했다. 포트폴리오는 완성되었다.

다음은 장기투자이다. 일단 종목이 선택되면 가능한 종목변화나 비중의 변화 없이 장기간 유지하는 것이 목표이다. 단 현대차 인도법인이 인도 주식시장에 상장되는 등의 특별한 경우에는 추가편입 같은 일부조정이 있을 수 있다. 시장의 변동에 따른 사람의 감정과 정성적인 판단을 배제할 것이다. 사실 '투자자들을 대신해 리밸런싱 이외에 아무것도 하지 않도록 노력해 주는 것'이 우리의 역할이 될 것이다.

다음 표는 우리가 최종적으로 선택한 인도의 컨슈머 파워 종목들의 리스트이다.

인도 컨슈머 파워 투자전략 구성 종목 예시

테마	티커	종목명	시가총액 (백만 불)	사업 설명
가전	VOLT IN EQUITY	VOLTAS LTD	5,967	인도 에어컨 전문기업, 점유율 1위
	HAVL IN EQUITY	HAVELLS INDIA LTD	14,398	냉장고, 세탁기 가전 종합가전 로컬 1위
	WHIRL IN Equity	WHIRLPOOL OF IND	2,807	미국 월풀의 인도법인, 종합가전회사
	DIXON IN EQUITY	DIXON TECHNOLOGIES INDIA	8,379	가전, 핸드폰 조립 등 EMS, Make in India 수혜
자동차	MM IN EQUITY	MAHINDRA &MAHINDRA LTD	43,363	인도 로컬 자동차, SUV전문, SUV점유율 1위
	TTMT IN EQUITY	TATA MOTORS LTD	41,946	인도 자동차 전체 점유율 3위, EV 점유율 1위
	BJAUT IN EQUITY	BAJAJ AUTO LTD	32,323	2륜 자동차 1위, 전동화 수혜 기대
	BOS IN Equity	BOSCH LTD	11,955	독일 자동차 부품회사 보쉬의 인도법인

테마	티커	종목명	시가총액 (백만 불)	사업 설명
헬스케어	APHS IN Equity	APOLLO HOSPITALS	10,849	로컬 최대 종합병원 체인 및 온라인 병원
	MAXHEALT IN	MAX HEARLTH INSTITUTE	10,408	인도 2위 종합병원 체인, 성장속도 최고
	SUNP IN EQUITY	SUN PHARMACEUTICAL INDUS	43,285	세계 최대 제네릭 의약품 제조업체
	CIPLA IN EQUITY	CIPLA LTD	14,515	제네릭 제약, 활성의약성분(API) 제조선두
	DRRD IN EQUITY	DR. REDDY'S LABORATORIES	12,153	제네릭 의약품 제조
	TRP IN EQUITY	TORRENT PHARMACEUTICALS	11,481	제네릭 의약품 제조
	ARBP IN EQUITY	AUROBINDO PHARMA LTD	8,553	항생제, 항균제 등 의약품 제조

결과적으로 우리는 가전 업종 4종목, 자동차 업종 4종목, 헬스케어 업종 7종목을 선별해 보았다. 물론 이 종목들은 앞으로 변할 수도 있고, 종목 간의 비중도 달라질 수 있지만, 우리는 이 종목들을 기본으로 가능한 변화를 최소화하여 장기투자를 하려고 노력할 것이다. 각각의 업종과 대표 종목들의 투자 포인트는 3장에서부터 자세히 설명할 것이기 때문에 처음 보는 종목들이라도 크게 걱정할 필요는 없다. 다만, 인도 주식들에 대한 정보가 부족해 대부분 독

자들이 생소하게 느낄 수 있어서 간단하게 회사들을 설명하도록 하겠다.

가전 업종의 Voltas는 인도의 에어컨 시장에서 시장 점유율 1위 기업이다. 현재 기준으로 판단할 때, 중국의 대표적인 주가 상승 종목들과 가장 싱크로율이 높아 보이기 때문에 가장 높은 비중을 배분할 계획이다(이 종목은 뒤에서 자세히 설명할 것이다).

가전 업종의 두 번째 종목은 하벨스(Havells)이다. 원래는 케이블, 와이어, 일반 조명, 스위치 등을 제조하던 회사이나 Loyds라는 브랜드로 냉장고, 세탁기, 에어컨 등을 모두 만드는 종합 가전 브랜드를 런칭하고 가전 산업 성장에 올라타기 위해 노력을 기울이고 있다. 에어컨만 놓고 보면 시장 점유율 3위를 기록하며 존재감을 키우고 있으나, 아직까지 Loyds 사업부는 이익을 내지 못하고 있다. 기존 사업부에서 벌어들인 현금을 가지고 새로운 성장 동력인 가전 산업을 키워내는 캐시카우 역할을 하고 있다.

내 개인적인 생각으로는, 가전 산업이 충분히 성장하고 독자적인 길을 갈 수 있게 되면 가전사업을 분리 상장할 가능성이 높다고 본다. 인도의 기업들은 자본시장을 잘 이해하고 활용할 줄 알기 때문에, 성장성 높은 사업부를 독립시켜 상장할 경우 자본 조달과 브랜드 가치 상승의 효과를 달성하려고 할 것이다. 이러한 캐시카우가 신성장 사업을 키워내는 구조는 자동차 대표 기업들도 유사한 상황이다. 가전제품이나 자동차가 한국의 입장에서는 매우 오래된 전통산업이지만, 인도의 입장에서는 새로운 신성장 산업이기 때문이다. 나는 이것 또한 인도의 발전 과정이라고 보고, 맞다 틀리다 보다는 이 과정을 어떻게 투자 수익으로 연결할지를 고민할 필요가 있다고 본다.

다음은 월풀(Whirlpool)로, 익히 알고 있는 미국의 가전기업 월풀의 인도법인이 상장된 것이다. 과거에는 외국 브랜드로서의 장점을 활용했으나, 최근에는 로컬 브랜드들에 밀리면서 성장이 정체되어 있다. 일단 포트폴리오에 일부 작은 비중으로 편입해 향후 추이를 지켜볼 계획이다.

마지막 가전 업종의 투자 대상 기업인 Dixon은 일종의 OEM, ODM 전문기업이다. 인도에서는 EMS(Electronic Manufacturing Service)라고 불리며, 가전제품, 핸드폰 등을 대신 만들어 다른 기업들에 납품하지만 자기 브랜드로 직접 판매하지 않는다. 샤오미의 LED TV, 모토롤라의 핸드폰 등 각종 전자제품들을 제조해 주고 있다. 인도 모디 총리의 Make in India 정책의 수혜를 받고 있으며, 앞으로 인도가 전 세계의 공장이 되면서 더 많은 일감을 받을 수 있는 기대가 되는 기업이다.

　자동차 업종의 경우, 완성차 업체인 마힌드라(Mahindra)자동차와
타타모터스(Tata Motors)는 인도 자동차 시장 로컬 브랜드 중 1~2위
를 놓고 경쟁하는 회사이다(이들 두 회사는 뒤에서 자세히 설명할 것이기
때문에 넘어가겠다).

　그리고, 바자즈(Bajaj Auto)는 오토바이와 스쿠터 등을 제조하는 회
사이다. 세계에서 3번째로 큰 오토바이 제조기업이고, 시가총액으
로는 전 세계 오토바이 기업 중 최대이다. 이미 매출의 약 40%를
해외에 수출하며 글로벌 기업으로 성장하고 있다. 오토바이를 전
기 오토바이로 전환하는 정책이 시행되면서 인도에서는 자동차보
다 오토바이가 먼저 전기로 변하고 있다. 전기 자동차보다는 값이
싸고 기술적으로 난이도가 낮기 때문에, 인도 정부는 오토바이부
터 전동화를 시도하고 있어 대표적인 오토바이 제조기업들이 수혜
를 입을 것으로 예상된다.

　보쉬(Bosch)는 익히 알고 있는 독일의 자동차 부품기업 보쉬의 인
도 현지법인이 상장된 것이다. 긴 설명이 필요 없이, 인도의 자동
차 생산량이 성장하면서 동반 성장이 기대된다. 아마도 현대차의
인도법인이 상장되면 이런 모습일 것이다.

마지막으로 헬스케어 업종에서 아폴로병원은 인도 최대 종합병원 체인이며, 맥스헬스(Max Health)는 아폴로병원과 동일 업종의 2위 회사이다. 인도의 헬스케어 업종에서 가장 기대가 큰 회사들은 제약회사보다는 오히려 병원들이다. 우리나라에는 상장된 병원이 없어 생소할 수 있으나, 전체 의료비 지출 금액에서 병원이 최대 비중을 차지하고 있으며, 아직 인도에는 선진화된 병원이 부족한 상황이기 때문에 확장성도 가장 크다고 보여진다(이들 종합병원은 뒤에서 자세히 설명할 것이다).

　그리고 나머지 5종목은 제약회사들이다. Sun Pharma의 경우는 인도 최대 제약회사이며, 나머지 4개 제약사들도 시가총액 상위권의 제약사들로 구성되어 있다. 아직까지 인도의 제약사들은 복제약에 집중하고 있어 신약 개발의 큰 성과를 기대하기는 어렵다. 그동안 미국 제약사들의 생산공장 역할을 주로 했기 때문에 인도 내 매출 비중보다 미국 등으로의 수출 비중이 대부분의 제약회사에서 절반 이상을 차지한다. 따라서 미국의 제약업 동향에도 영향을 받는다. 하지만 앞으로는 인도의 소득 증가와 함께 의약품 소비량이 증가할 것이기 때문에 수혜가 기대된다.

여기서 잠깐! 인도 투자 접근방식

상해 종합지수나 NIFTY 50 지수 같은 시장의 대표 인덱스를 사는 것은 기본적인 투자 방법이지만, 이 인덱스들의 구성 방식이 단순히 시가총액 상위 종목들로만 이루어진다면 새로운 성장 산업을 반영하지 못하는 한계를 가지고 있다. 특히, 시가총액 방식의 지수는 구조적인 취약점을 가지고 있는데, 이는 주가가 이미 크게 올라 시가총액 순위가 상위권에 들어선 뒤에서야 매수를 시작하게 된다는 점이다. 결과적으로는 상투를 잡는 셈이 될 가능성이 가능성이 높다.

우리가 생면부지 인도까지 가서 투자하겠다고 마음먹은 이유는 한국이나 중국에서 더 이상 찾을 수 없는 새로운 성장 산업의 투자 기회를 찾기 위해서이다. 그런데 그렇게 큰 결심을 하고 사는 것이 대표 인덱스라면, 결국 인도의 은행을 가장 많이 사고 이미 많이 오른 종목들을 사는 셈이 된다. 목적은 훌륭하지만, 그 목적을 달성하기 위한 수단이 일치하지 않는 것이다.

따라서 인도의 경제가 성장을 지속하는 동안 새로운 성장 동력이 되어줄 산업을 잘 골라서 투자하는 것이 필요하다.

가전 업종
컨슈머 파워
도플갱어 찾기

이제부터 우리가 선택한 중국의 3개 업종, 즉 가전, 자동차, 헬스케어의 주
가가 어떻게 상승할 수 있었는지를 하나씩 분석해 보겠다. 중국에서 주가가 많이 올랐다
는 결과만 보고 무조건 인도에서도 그런 일이 일어날 것이라고 믿는 것은 무모한 도전이
될 수 있다. 주가가 많이 올랐다는 것을 확인했으니, 과거 중국에서 무슨 일이 일어나서
주가가 오를 수 있었는지, 그런 일이 인도에서도 일어날 수 있는지 파악해야 한다.

먼저, 수요 증가 폭, 수요 증가의 특징과 원인, 그리고 중국의 샘플 종목들이 어떤 대응
을 했고 얼마나 성장을 했기에 주가 상승이 가능했는지를 하나씩 분석해 보자. 이렇게 체
계적으로 샘플 업종과 종목을 먼저 분석한 뒤, 이를 인도의 도플갱어 업종과 종목을 찾는
데 이정표로 사용하려 한다. 최종 투자 대상 종목의 싱크로율을 판단하는 기준으로 활용
하는 것이 10년 전에 비해 업그레이드된 투자 타임머신 2탄의 특징이다.

이번 3장에서는 우리가 이미 선택한 가전, 자동차, 헬스케어의 3개 업종 중에서 가전 업
종부터 설명할 것이다. 독자들의 이해를 돕기 위해 첫 번째 케이스인 가전 업종은 비교적
자세히 분석 과정을 설명하겠다. 가전 업종의 분석 과정을 보고 나면 동일한 과정으로 분
석하는 두 번째부터는 간단히 설명해도 충분히 이해할 수 있을 것이다.

결론부터 이야기하면, 우리는 중국의 가전 업종을 좀 더 세부적으로 분류해 에어컨 전문
기업 Gree전기를 인도의 장기투자 샘플 종목으로 선택했다. 그리고 인도의 도플갱어 종
목으로는 인도의 에어컨 점유율 1위 기업인 Voltas를 선택했다. 왜 냉장고, 세탁기 등을
제외하고 에어컨 기업 Gree전기를 선택했는지, 어떻게 인도의 도플갱어 종목인 Voltas를
선택했는지 실제 분석 과정을 함께 살펴보자.

첫 번째 단계는 중국의 가전 업종이 2006년부터 현재까지 어떻게 성장해 왔는지, 그리고
왜 에어컨이 가장 우수한 주가 상승률을 보였는지를 살펴보고 그런 상황이 인도에서도
재현될 수 있을지를 비교해 보는 것이다.

두 번째 단계는 중국 가전 업종 중에서 대표적인 주가 상승 종목인 Gree전기의 주가 상
승 요인들을 하나씩 분해해, 인도의 도플갱어 종목을 찾는 기준으로 활용하는 것이다. 이
를 통해 인도의 도플갱어 종목 주가가 몇 배까지 상승할 수 있을지를 예측해 볼 것이다.
참고로, Gree전기의 2005년 말 이후 총수익률은 최대 104배까지 상승했다는 점을 기억
하면서 다음 내용들을 읽어나가면 더 흥미로울 수 있다.

1.

중국 가전제품 보급률과 판매량 증가 원인

가장 먼저 살펴볼 데이터는 중국이 현재의 인도와 가장 유사한 시기였던 2006년쯤부터 현재까지 가전제품들의 보급률 변화이다. 다음 자료는 중국의 대표적 가전제품인 냉장고, 세탁기, 에어컨의 가구당 보급률 변화 추이를 보여준다. 에어컨의 경우 2006년의 보급률은 44%로, 100가구당 44대의 에어컨이 보급되어 있었다. 같은 방식으로 냉장고는 100가구당 66대, 세탁기는 54대가 보급되어 있었다.

그런데 가장 최근의 숫자를 보면 에어컨은 100가구당 142대로 한 집에 한 대 이상의 에어컨을 보유하고 있다. 이제는 평균적으로 거실은 기본이고 방에도 보유하고 있는 가구가 많아지고 있다는 이야기다. 반면에 냉장고나 세탁기는 한 집당 한 대 정도에서 정체되고 있다. 결과적으로 에어컨의 보급률 증가 폭이 냉장고, 세탁기에 비해 가장 컸다. 에어컨의 보급률은 100가구당 44대에서 142대로 약 3.2배 증가했지만, 냉장고와 세탁기는 이에 미치지 못했다. 이를 통해서 얻을 수 있는 초기 결론은 같은 조건이면 에어컨이라는 아이템을 선택하는 것이 유리하다는 것이다.

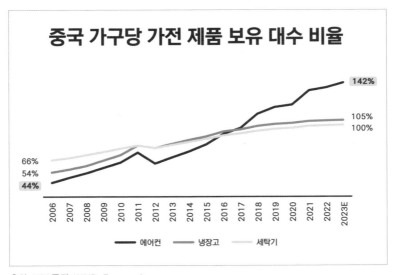

출처: UBS증권, WIND, Euromonitor

위의 중국 가전제품 보급률 데이터가 '가구 수'를 기준으로 계산된 것이기 때문에, 가구 수가 증가한다면 인구수의 증가가 없어도 추가적인 잠재수요의 증가를 의미한다. 그래서 중국의 가구 수 데이터를 찾아보았다.

중국도 핵가족화가 진행되면서 가구당 구성원 수가 감소하였기 때문에 가구 수가 증가했다. 특히, 농촌의 가구 수는 감소하고 도시의 가구 수는 더 크게 증가했다. 아무래도 농촌보다는 도시의 가구가 에어컨 같은 가전제품을 구매할 가능성도 더 높기 때문에 도시화와 도시 가구 수 증가는 가전제품 보급률 증가에 긍정적인 요소가 되었다. 다음 자료에서 보는 것처럼 전체 가구 수는 3.8억에서 5억 가구로 증가했다.

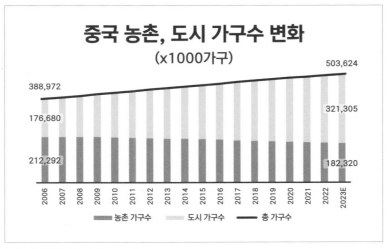

출처: UBS증권, WIND, Euromonitor

판매량은 가구 수보다 더 빠른 속도로 증가했기 때문에 가구 수가 증가하는 중에도 보급률이 증가할 수 있었다. 그중에서도 에어컨의 매년 판매량은 냉장고와 세탁기보다 더 빠른 속도로 증가했다.

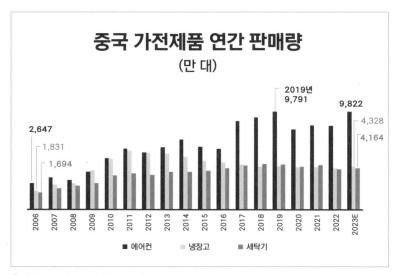

중국 가전제품 연간 판매량
(만 대)

출처: UBS증권, WIND, Euromonitor

에어컨의 경우 2006년 2,647만 대에서 2023년 9,822만 대까지 약 3.7배 증가했다. Gree전기의 주가가 최고점을 기록했던 2019년 까지만 보더라도 9,791만 대까지 증가했다. 반면, 냉장고는 2.36

배, 세탁기는 2.45배밖에 증가하지 않았다. 따라서 에어컨 전문기업인 Gree전기의 주가가 냉장고, 세탁기, 에어컨을 모두 만드는 종합가전 업체 하이얼스마트홈보다 더 큰 주가 상승을 보일 수 있었다.

이왕이면 다홍치마라고 가전 업종 내에서도 이렇게 편차가 생기는 것을 확인한 이상, 가능하면 에어컨 전문기업인 Gree전기를 샘플 종목으로 선택하고, 인도에서도 보급률과 판매량이 가장 많이 증가할 수 있는 아이템과 이를 생산하는 회사를 찾는 것이 합리적인 판단이다.

가구 수 증가와
도시화율 상승

가구 수와 도시화율은 모두 우리가 선택한 가전, 자동차, 헬스케어 등 대표적인 내구 소비재 제품들의 판매가 증가하는 데 기본 밑바탕이 되는 변수들이다. 도시화가 진행되면 아파트 등 현대식 주거 형태도 늘어나고, 자동차가 다닐 수 있는 도로 상황도 개선되고, 병원도 더 많아질 수 있기 때문이다. 여기에 일반적으로 도시가 농촌보다는 핵가족화가 빠르기 때문에 가구 수가 더 늘어날 가능성도 높아진다.

이들 도시화와 가구 수가 중국에서 어떻게 움직였는지 살펴보고,

현재의 인도는 어떤 상황인지를 함께 비교해 보겠다. 다음은 2022년 기준 인도와 중국의 가구당 구성원 숫자를 비교한 자료다.

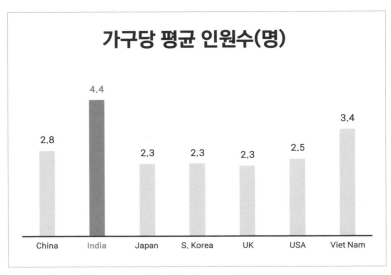

출처: United Nations, Social Affairs Population Division

인도는 중국의 가구당 인원수 2.8명에 비해 높은 4.4명의 가족 수를 보여주고 있다. 소득 증가와 도시화를 통해서 인도 또한 가구당 구성원 수가 감소하는 핵가족화가 진행될 것이고, 이를 통해 가구 수가 늘게 되면 에어컨도 자동차도 더 많이 필요할 것이라고 유추할 수 있다. 결과적으로 중국처럼 인구수의 증가 없이도 수요가 또 한 번 구조적으로 증가하는 요인이 될 수 있다.

다른 변수는 도시화율이다. 2022년 기준 인도의 도시화율은 36%로 중국의 2002년 38%와 유사한 수준에 도달해 있다. 중국의 도시화율은 지속적으로 상승하여 2022년에는 64%의 도시화율을 기록하고 있다. 즉, 전체 인구의 64%가 도시로 이동했거나 농촌이 도시로 변했다는 의미다. 이 도시화 역시 인도가 제2의 중국으로 발전해 가는 이상 필연적으로 진행될 것으로 예상할 수 있으며, 이는 가전, 자동차, 헬스케어의 수요 증가의 기반이 될 것이다.

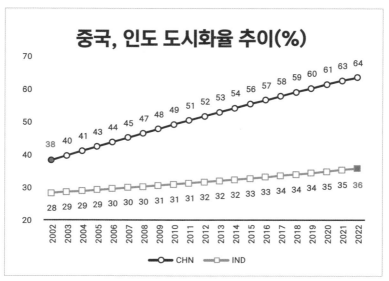

출처: World Bank. Urbanization Prospects

에어컨만 만드는
회사가 있기는 한가?

　여기서 잠깐, 혹시라도 한국의 기준으로 생각하면 좀 이상하게 생각될 수 있을 듯하여 간단히 설명하고 넘어가려 한다. 한국의 가전 회사들은 냉장고, 세탁기, 에어컨, 청소기 등 대부분의 가전제품을 모두 만들지만, 중국과 인도의 경우 에어컨만 제조하는 회사들이 따로 상장되어 있다. 중국의 Gree전기는 매출과 이익의 90% 이상이 에어컨으로만 구성되어 있고, 인도의 도플갱어로 선택된 Voltas의 경우도 에어컨 사업 이익기여도가 80%에 육박한다. 에어컨 하나만 만들어도 수십조 원 규모의 회사로 성장할 수 있는 것은 중국이나 인도나 14억이라는 내수 시장을 보유하고 있기 때문이다. 우리가 흔히 이쑤시개만 팔아도 14억 개를 판다고 농담처럼 이야기하지만, 실제로 한 개만 잘 만들면 규모의 경제를 달성할 수 있는 것이다.

　따라서 이왕이면 에어컨을 전문으로 만드는 회사를 사면 좋다는 이야기는 중국이나 인도에서는 가능한 이야기다.

2.

인도의
현재 가전 산업 보급률과
판매량은 어디쯤 와 있나?

이쯤 되니 인도의 가전 산업이 어느 정도 상황인지 궁금해졌다. 이를 위해 중국과 인도의 가전제품 보급률을 비교해보자. 제시한 자료는 냉장고, 세탁기, 에어컨의 3가지 제품에 대해서 중국과 인도의 보급률을 비교한 데이터이다. 왼쪽의 2개 막대는 각각 2006년과 2023년 기준 중국의 보급률이고, 오른쪽의 막대는 인도의 FY2024년 제품별 보급률을 표시한 것이다. 우리가 주목하는 에어컨을 보면 중국의 경우 2006년에 보급률이 44% 정도였으나, 인도는 아직도 7%에 불과하다.

그렇다면 중국의 에어컨 보급률이 140%를 넘었는데, 만일 인도는 보급률이 140%가 되려면 얼마나 많은 에어컨이 팔려야 할까?

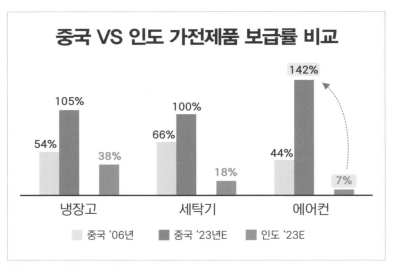

중국 VS 인도 가전제품 보급률 비교

* 중국 데이터 출처 : UBS증권, WIND
* 인도 데이터 출처 : Euromonitor, India National Family Health Survey5(19~21), Voltas,
  HSBC증권

  그리고 이보다 더 직접적으로 에어컨 제조기업의 주가와 연관되는 인도의 연간 에어컨 판매량을 살펴보면 다음과 같다. 중국의 경우 2006년의 2,647만 대에서 Gree전기의 주가 고점 2019년까지 9,791만 대로 약 3.7배 증가했다. 그런데, 2024년 3월 말까지 1년간 인도의 에어컨 판매량은 약 1,069만 대를 기록하고 있다. 만일

3장
가전 업종 컨슈머 파워 도플갱어 찾기

인도의 에어컨 판매량이 현재의 중국 수준으로 증가한다고 가정한다면, 현재보다 약 9.2배의 판매량 증가를 기대할 수 있다.

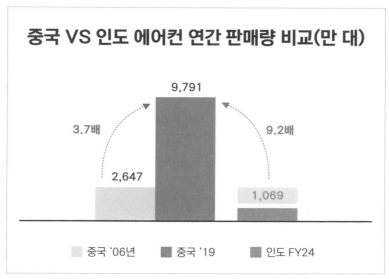

* 중국 데이터 출처 : UBS증권, WIND
* 인도 데이터 출처 : Euromonitor, India National Family Health Survey5(19~21), Voltas, HSBC증권

세계지도를 한번 펼쳐놓고 인도와 중국의 위치를 살펴보면 인도는 중국보다 훨씬 남쪽에 있다. 즉, 인도가 중국에 비해 훨씬 더운 나라이며 에어컨이 더 많이 필요할 것이다. 중국 사람이든 인도 사람이든 돈이 생기면 시원한 에어컨을 틀고 싶은 것은 사람이 가지

는 기본적인 욕망이다. 에어컨 수요 증가에 있어서는 인도도 중국과 유사한 길을 걷게 될 것이라고 보는 건 합리적인 추론이다.

3.
Gree전기 104배
총수익률 상승 요인 분해

에어컨 판매량 증가의 시장 상황을 살펴본 후, 의아한 생각이 들었다. Gree전기의 주가는 2006년부터 2019년까지 무려 104배 상승했는데, 같은 기간에 중국시장 전체 판매량은 고작 약 3.7배 증가에 불과했기 때문이다. 도대체 어떤 다른 변수가 작용했기에 판매량은 3.7배밖에 늘어나지 않은 업종에서 104배의 주가 상승이 가능했을까? 이 나머지 상승 요인들을 파악할 수 있다면 인도의 도플갱어 종목을 좀 더 정확하게 선택하고, 주가가 얼마나 상승할 수 있을지도 예측할 수 있을 것이다.

Gree전기
기본 정보

일단, Gree전기를 잘 모를 수 있는 독자들을 위해 간단히 소개하겠다. Gree전기는 중국의 에어컨 시장 점유율 1위 기업으로, 에어컨에 집중하는 아주 심플한 사업구조를 가지고 있다. 최근에는 다른 가전제품이나 신규 사업으로 영역을 확대했지만, 여전히 에어컨의 매출 비중은 약 70%, 이익 비중은 90%에 가깝다. 따라서 에어컨 시장 성장의 혜택을 가장 많이 받을 수 있는 순수 플레이어(Pure Player)이며, 이러한 이유로 최대 주가 상승률을 기록할 수 있었다. 단순한 사업구조 덕분에 샘플 종목으로 적합할 뿐만 아니라, 인도의 도플갱어를 찾기에도 안성맞춤이다.

다음 자료는 Gree전기의 매출액 구성과 에어컨 매출의 이익 기여도 추이이다.

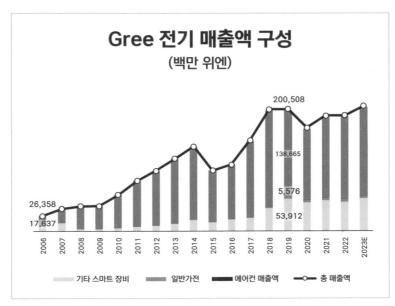

출처: UBS증권

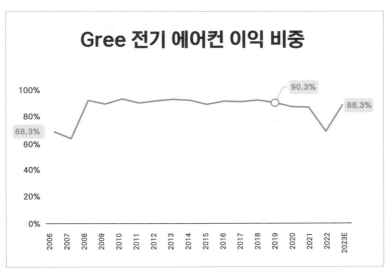

출처: UBS증권

Gree전기 주가 상승
히스토리 분석

Gree전기를 분석하기에 앞서 주가의 최고점 시기와 상승 폭을 다시 한번 확인해 보자. 다음 자료의 수익률은 블룸버그에서 산출한 총수익률 기준으로, 배당금으로 Gree전기 주식을 재투자해 추가적인 이익을 거둔다는 가정을 포함한 수익률이다. 2005년 말 종가로 투자했다면, 2020년 1월의 주가 고점까지 104배 상승을 보여준다. 같은 기간 상해 종합지수는 3.5배 상승에 그쳤다.

Gree 전기 총수익기준 수익률
(2005.12.30=100)

출처: 블룸버그

3장
가전 업종 컨슈머 파워 도플갱어 찾기

수익률이 좋았던 구간만 보고 결정을 내리는 것은 위험할 수 있으므로, 최악의 상황도 살펴보자. 다음 자료는 상해 종합지수가 6천 포인트를 넘어 사상 최고점을 기록한 2007년 10월부터 Gree전기에 투자했다고 가정하고 수익률을 계산해 본 것이다. 이 경우에도 주가는 2020년 1월까지 약 16.2배 상승했다. 동일 기간 상해 종합지수는 배당 수익을 감안해도 원금을 회복하지 못했다.

출처: 블룸버그

개인적으로는 두 번째 극단적인 상황에서의 수익률 그림이 더 마음에 든다. 싸게 잘 사서 수익을 내는 것은 당연하지만, 문제는 우리가 사는 그날의 주가가 싼지 비싼지 어떻게 알겠는가? '만일 비싸게 사는 거면 어쩌지?'라는 걱정이 드는 것은 자연스러운 일이다. 하지만 이 데이터처럼 아무리 비싸게 사도 기다리면 주가가 오른다는 것을 보니, 이제는 좋은 주식만 고르면 된다는 생각이 든다.

그렇다면 어떻게 이런 높은 주가 상승이 가능했을까? 시장 전체 에어컨 판매량은 약 3.7배밖에 증가하지 않았으니, 104배 주가 상승의 나머지는 대부분 회사 자체의 변화에 의한 것으로 추정할 수밖에 없다. 그렇다면 회사가 자체적으로 얼마나 변화를 이루었는지 알아보자. 이를 위해 Gree전기를 하나씩 분해해 보았다.

첫 번째 주가 상승 요인: 시장 점유율 상승에 의한 판매량 초과 성장

Gree전기의 주가 상승의 첫 번째 비밀은 시장 점유율의 증가이다. 점유율이 증가하면서 시장보다 더 빠른 판매량 증가를 이루어 냈다. 간단한 예를 들어 설명하면, 시장 전체 판매량이 10배 증가하는 동안 시장 점유율이 5%에서 10%로 증가한 회사는 판매량이

20배가량 증가할 수 있다. 같은 시장에서 점유율이 10%에서 5%로 하락했다면, 그 회사의 판매량은 시장 10배 증가의 절반인 5배만 증가할 수 있다. 즉, 앞서 살펴본 중국의 에어컨 판매량 증가율 3.7배보다 Gree전기의 판매량이 더 크게 증가할 수 있었던 이유는 시장 점유율의 증가 때문이다.

Gree전기의 점유율을 연 단위로 그리면 다음과 같다. 중간에 부침이 있었지만, 28.3%에서 2019년 말 34.5%를 기록하며 약 1.2배 점유율이 상승하는 효과를 보였다.

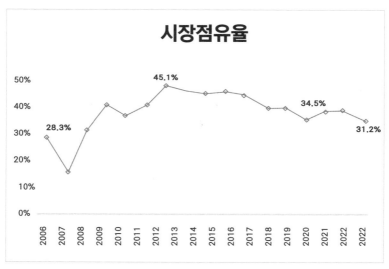

출처: UBS증권

결과적으로, 중국 내수시장 에어컨 판매량 증가폭 3.7배보다 1.2배 더 판매를 해서 Gree전기 판매량 증가율은 3.7×1.2=4.5배로 증가하였다. 실제로 Gree전기의 에어컨 내수 판매량은 2006년 750만 대에서 2019년 3,380만 대로 증가하며 약 4.5배 상승하였다.

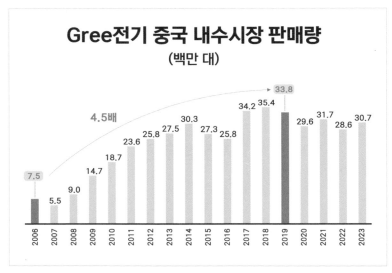

Gree전기 중국 내수시장 판매량
(백만 대)

- 2006: 7.5
- 2007: 5.5
- 2008: 9.0
- 2009: 14.7
- 2010: 18.7
- 2011: 23.6
- 2012: 25.8
- 2013: 27.5
- 2014: 30.3
- 2015: 27.3
- 2016: 25.8
- 2017: 34.2
- 2018: 35.4
- 2019: 33.8
- 2020: 29.6
- 2021: 31.7
- 2022: 28.6
- 2023: 30.7

4.5배

출처: UBS증권

두 번째 주가 상승 요인:
평균 판매단가 상승

Gree전기의 주가 상승에서 두 번째 요소인 평균 판매 단가 상승 효과는 더욱 큰 영향을 주었다. 다음 그래프는 에어컨의 평균 판매단가 추이를 보여준다. 내수 판매용 제품의 평균 단가는 2006년 1,622위안에서 2019년 3,090위안으로 약 1.9배 상승하였다.

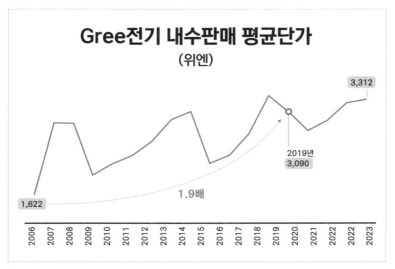

출처: UBS증권

Gree전기의 내수용 판매 단가가 지속적으로 상승할 수 있었던 이유는 과거에는 창문형이나 벽걸이형 에어컨 같은 저가 모델 위주의 판매가 주를 이루었지만, 중국 소비자들의 소득 증가와 취향의 고급화로 인해 좀 더 비싼 스탠드형이나 시스템 에어컨의 판매 비중이 증가했기 때문이다. 이러한 판매 단가의 상승 현상은 인도에서도 충분히 나타날 것으로 기대된다.

에어컨 내수 매출액 8.6배 상승

회사의 매출액은 판매량 곱하기 판매 단가로 산출된다. 따라서, Gree전기의 판매량이 4.5배 상승하고 판매 단가가 1.9배 상승하였기 때문에 두 숫자를 곱하면 매출액은 약 8.5배 증가하게 된다. 실제로 제시된 데이터와 같이, Gree전기의 에어컨 내수판매 매출액은 2006년 121억 위안에서 2019년 1,045억 위안으로 약 8.6배 상승했다.

여기에 에어컨 수출 및 냉장고, 세탁기 등 종합 가전 업종으로 진출을 시도하면서, 회사의 총 매출액은 2005년 말 기준 181억 위안에서 2019년 말 2,005억 위안으로 약 11배 증가했다.

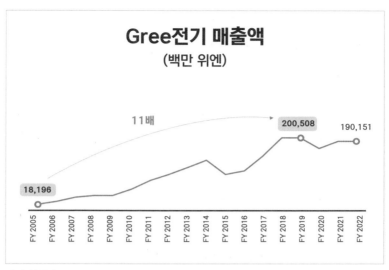

Gree전기 매출액
(백만 위엔)

11배

200,508

190,151

18,196

FY 2005　FY 2006　FY 2007　FY 2008　FY 2009　FY 2010　FY 2011　FY 2012　FY 2013　FY 2014　FY 2015　FY 2016　FY 2017　FY 2018　FY 2019　FY 2020　FY 2021　FY 2022

출처: 블룸버그

마진율 개선에 따른
순이익 초과 증가

　매출액이 11배가 늘었다고 하지만, 아직도 주가 상승률 최대 104배에는 한참 부족하다. 그런데 여기에 한 가지 변수가 더 추가되었다. 바로 마진율의 상승이다. 일반적으로 매출이 늘면 규모의 경제 효과가 발생하면서 마진율이 좋아지는 효과가 나타나는데, Gree전기도 큰 폭으로 마진율이 개선되었다.

다음 자료를 보면 Gree전기의 순이익률이 2005년 2.6% 수준에서 2019년 12.9%로 크게 증가했음을 알 수 있다. 이는 거의 5배에 가깝게 이익률이 개선된 것으로 Gree전기의 주가 상승에 가장 크게 기여한 요인이 되었다. 11배 매출액 증가에 약 5배의 순이익률 개선 효과가 곱해지며 순식간에 약 50배의 순이익 증가가 나오게 된 것이다.

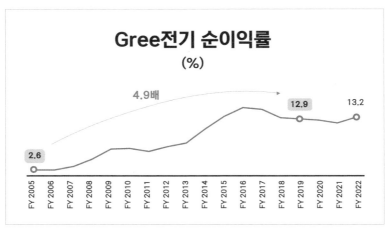

출처: 블룸버그

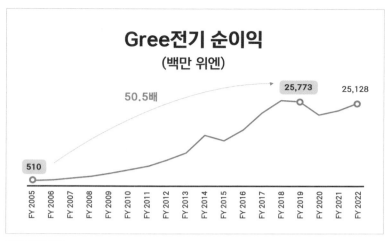

Gree전기 순이익

(백만 위엔)

50.5배

25,773   25,128

510

FY 2005 FY 2006 FY 2007 FY 2008 FY 2009 FY 2010 FY 2011 FY 2012 FY 2013 FY 2014 FY 2015 FY 2016 FY 2017 FY 2018 FY 2019 FY 2020 FY 2021 FY 2022

출처: 블룸버그

　회사마다 이런 주가 상승의 최대 동력으로 작용하는 변수는 다를 수 있다. 어떤 회사는 점유율에서, 어떤 회사는 판매단가 상승에서 나오기도 하는데 Gree전기의 경우 마진율의 개선이 가장 큰 주가 상승의 원동력이 되었다.

• 마진율 개선의 핵심 변수 심층분석

Gree전기 주가 상승의 가장 큰 요인은 마진율 개선이기 때문에, 마진율 개선이 우연히 나타난 것인지, 아니면 어떤 구조적인 원인이 있어서 가능했던 것인지 파악해야 했다. 단순히 규모의 경제 효과만으로 설명하기에는 너무 중요한 변수이고, 이러한 마진율 개선이 인도의 도플갱어 종목에서도 나올 수 있을지 판단해야 하기 때문이다.

〈제품의 고급화〉

소득 증가 지속 시 고급 제품에 대한 수요가 증가하고, 이는 단가 상승과 고수익으로 이어진다. 이러한 고품질, 고수익은 점유율 상위의 대표기업들이 더 유리한 조건을 가질 수밖에 없다. 더 많은 매출액을 가진 회사가 더 많은 연구개발을 할 수 있기 때문이다.

〈점유율 과점화〉

시장 성장 초기에는 많은 시장 진입자가 치열한 경쟁을 벌이기 마련이다. 그러다 하나씩 하위기업들이 도태되기 시작하고, 결과적으로 살아남은 상위기업들은 불필요한 가격 경쟁을 줄이면서 적정한 마진율을 확보할 수 있다. Gree전기와 2위 MIDEA 간의 점유율 경쟁도 매우 치열했으나 결과적으로는 상위 기업들의 점유율 합산은 증가했고, 살아남은 Gree전기와 MIDEA도 마진율이 모두 개선되었다.

| PER 변화

이 마지막 퍼즐은 사실 계량화하여 측정하기 제일 어려운 부분이다. 왜냐하면 투자자들의 심리에 따라 흔들리는 인기투표 점수 같은 변수일 뿐만 아니라, 같은 주식을 놓고도 어떤 사람은 당해 연도 EPS를 보고, 어떤 사람은 내년도 EPS를 보기 때문이다. 차라리 당시에 투자자들이 이 회사에 얼마나 높은 인기투표 점수를 주었는지 짐작하는 지표로 활용하는 것이 더 현실적이라고 본다. 다음 데이터는 Gree전기의 매년 말 종가를 해당 연도의 EPS로 나눈 이론적인 PER 값이다.

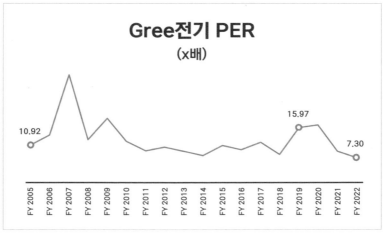

출처: 블룸버그

2005년 말 투자 수익률 계산 시작점의 PER은 10.9배였고, 2019

년 주가 고점 당시의 PER은 15.9배로 약 1.45배 상승했다. Gree 전기의 이익 증가에 PER상승이 곱해졌다고 볼 수 있다. 실제로 2005년 말 종가 대비 Gree전기의 최고가인 2020년 1월 9일의 주 가로만 계산하면 약 68.8배 상승했다.

여기까지 총수익률 104배 중에서 3분의 2 정도는 설명이 되었다 고 볼 수 있다.

마지막 보너스, 배당의 복리 효과

바로 앞의 단계까지는 60~70배의 주가 상승은 설명이 되었으 나, 아직도 104배까지는 추가적인 설명이 더 필요해 보인다. 마지 막 변수는 배당 수익의 복리 효과다. 104배의 총수익률 기준 상승 률은 배당금이 지급되는 경우, 지급된 배당금으로 해당 주식을 추 가 매수해서 발생하는 추가적인 손익까지 합산하여 계산된 것이 다. 블룸버그의 총수익률 자동계산 기능을 활용해 우리는 모든 총 수익률을 블룸버그 기준으로 사용했다.

그런데 Gree전기의 경우에는 배당 수익률이 비교적 높은 회사에 속하기 때문에 단순 주가 수익률보다 배당이 합산된 총수익률이 훨씬 더 커지는 효과가 발생했다.

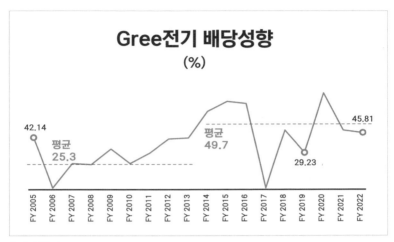

출처: 블룸버그

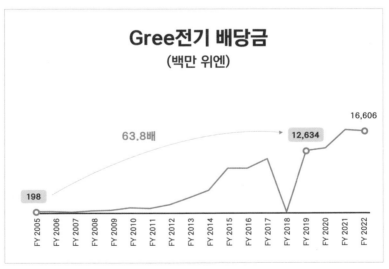

출처: 블룸버그

제시된 자료들은 Gree전기의 배당 성향과 배당금 규모를 표시한 그림이다. 배당 성향이 높아지는 와중에 순이익 자체도 증가했기 때문에 배당금 절대 금액은 더 빠르게 상승했다. 2005년 이후 지급된 배당금 현금을 단순 합산만 해도 2005년 말 종가의 12배에 해당하는 규모다.

여기에 지급된 배당금으로 Gree전기 주식을 추가 매수했다고 가정할 경우 주가 상승에 따른 추가 수익까지 더해져 68.8배의 단순 주가 상승률이 104배의 총수익률로 높아지게 된다.

참고로, Gree전기에 2005년말 종가로 투자를 했다면, 2022년에 원금 대비 298%의 현금을 연간 배당금으로 지급 받았을 것이다. 초기에 성장주를 잘 사면 일차적으로 성장에 따른 주가 상승 혜택을 보고, 이후에 성장주가 성숙기로 진입해 가치주로 변한 뒤에는 원금 대비 수백 퍼센트의 배당을 매년 받을 수도 있는 것이다. 아마도 이것이 워런 버핏이 아직도 코카콜라를 팔지 못하는 이유 중 하나일 것이다. 코카콜라도 워런 버핏이 최초 매수할 당시에는 분명히 성장주였을 것이다. 새로운 수요가 미국에서, 그리고 전 세계에서 폭발했을 테니 말이다. 그리고 지금은 늙은 할아버지처럼 재미없는 주식이 되었지만, 초기 투자금 대비 수백 퍼센트의 배당을 현금으로 주고 있으니 노후를 따뜻하게 보내는 데 일조할 수 있는 것이다. 내가 인도의 컨슈머 파워 주식들에 기대하는 바가 바로 이런 것이다.

• Gree전기 주가 상승 요인 분해 과정 요약

Gree전기를 샘플로 주가 상승 요인을 분해하는 과정을 자세하게 보여준 이유는 앞으로 이 책에서 설명할 모든 중국과 인도의 종목이 이 과정으로 분해되었기 때문이다. 그리고 독자들이 다른 종목들을 개인적으로 투자할 때도 이런 분석 틀을 활용해 회사를 바라보면 좀 더 긴 투자 시각을 가지는 데 도움이 될 것이다. 하지만, 너무 많은 숫자와 내용들을 한 번에 이해하기는 어려웠을 수 있기에 핵심적인 내용을 정리하고자 한다.

주가 상승에 영향을 주는 요인들을 간단한 표로 정리하면 다음과 같다.

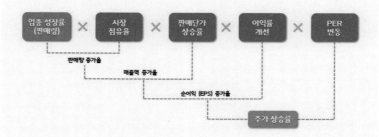

위 분석 단계들을 활용해 투자 대상 기업을 선정하면 다음과 같은 순서가 될 것이다.

1) 시장 전체 판매량이 구조적으로 성장할 수 있는 업종을 고른다.
2) 그 업종 내에서 시장 점유율을 늘릴 수 있는 회사를 고르면,
3) 그 회사는 제품의 고급화를 통해서 판매 단가를 높이고, 이익률이 개선될 것이다.
4) 그러면, 시장의 판매량 증가를 훨씬 뛰어넘는 매출과 순이익 상승을 기대할 수 있다.
5) 여기에 시장의 관심이 집중되는 시기가 도래하면, PER 상승을 기대할 수 있다.

이처럼 한 단계, 한 단계 회사의 주가를 결정하는 요소들이 몇 배씩 증가하는 과정을 분해하다 보면 모든 변수의 성장률이 '더하기'가 아니고 '곱하기'로 적용된다는 점을 알 수 있다. 그러다 보니, 시장 전체 판매량은 3.7배밖에 증가하지 않았지만, Gree전기의 주가는 최종적으로 104배의 최대 상승률을 보일 수 있었다. 이런 비유가 좀 이상할 수는 있지만, 이해도를 높이기 위해 쉬운 예시로 들면, 고스톱에서 피박, 광박, 흔들고, 쓰리고를 하면 점수가 기하급수적으로 늘어나는 것과 같은 이치다.

그렇다면 위의 5가지 변수 중에서 무엇이 가장 중요할까? 지금까지의 경험으로 비춰볼 때, 이 여러 가지 변수 중에서 가장 중요한 한 가지를 고르라고 하면 나는 당연히 제일 첫 번째 변수인 '업종 선택'을 고를 것이다. 모든 성패는 대부분 업종을 선택하는 단계에서 결정되기 때문이다. 업종을 고르는 데 있어서 가장 중요한 변수는 '성장'이라고 생각한다. 구조적으로 또는 필연적으로 수요가 증가해서 자동으로 성장할 수밖에 없는 그런 산업을 고르는 것이다.

내가 인도라는 국가를 고른 것도 '필연적으로 인도 국민들의 소득이 증가'할 것이며, 그렇게 되면 또다시 '소비가 구조적으로 성장'할 것이므로 인도의 컨슈머 파워 주식들은 성장을 지속할 것이라고 보았기 때문이다. 중국이라는 타임머신을 활용해 체크해 보면서 중국에서도 그런 구조적인 소비 성장이 발생했다는 점을 확인했기 때문에 이런 방식의 투자 판단에 대한 신뢰가 더 높아졌다.

또 하나, 내가 중국에서 '외국인 투자자'의 입장이 되어보니 외국인 투자자의 경쟁력도 이 첫 번째 업종 선택 능력에 있다는 생각이 들었다. 로컬 투자자들은 대부분 5개 변수 중에서 중간의 3개 변수에 집중한다. 회사의 디테일에 집중하고 어떻게 하루라도 남들보다 빠르게 이번 달 매출이 얼마일지, 수익은 얼마일지, 신제품은 어떤 게 개발되고 있는지 등을 알아내려고 노력한다. 그리고 자신들이 그 회사에 대해서 더 많이 안다고 자부하며, 이를 위해 매일 기업 탐방을 진행한다. 내가 한국에서 한국 주식을 운용할 때도 그랬다. 매일 탐방을 가고 회사 담당자에게 새로운 소식이 없는지 물어보곤 했었다.

그게 최고인 줄 알았다.

그런데 중국에 가보니 외국인인 나는 로컬들보다 정보를 빨리 얻거나 회사의 IR(Investor Relations)과 친분이 있어서 고급(?) 정보를 얻을 수 없었다. 내 귀에 어떤 정보가 들어온다면 14억 중국 투자자들은 이미 다 아는 내용이라고 보는 게 맞았다. 하지만 시간이 지나면서 나와 같은 외국인들은 로컬들이 간과하는 구조적인 업종의 성장을 보고, top-down으로 위에서 아래로 내려다보는 투자를 할 수 있다는 걸 깨닫기 시작했다. 그들이 종목과 정보의 디테일에 집중하는 동안 외국인은 그 회사가 속해 있는 업종의 구조적인 성장 가능성을 판단하는 데 더 노력하면 되는 것이다. 외국인 투자자들은 나무가 아니라 숲을 보면 되는 거다.

그리고, 로컬 투자자들과 외국인의 가장 큰 차이는 성장성에 대한 확신이다. 로컬들은 미래의 성장성에 대해서 긴가민가하는 반면, 외국인은 이미 자국에서 경험해 보았기 때문에 좀 더 높은 확신을 가질 수 있다. 로컬들이 숲을 못 본 것이 아니라 숲을 보아도 확신이 부족한 것인데, 외국인인 나는 한국의 발전경험을 통해서 그 숲이 어떻게 변할지 좀 더 높은 확신을 가질 수 있었다.

결과적으로 좋은 업종을 선택했으면, 종목은 그 시점에 제일 잘하고 있는 회사를 사면 된다. 이미 업종 선택 단계에서 대세는 결정됐다고 보기 때문에 나머지 변수는 패키지로 함께 따라오는 선물이라고 보면 된다. 그 당시 시점에서 가장 잘하는 회사를 사면 그 회사가 계속 더 잘하고, 점유율을 더 뺏어 올 확률이 더 높다. 예를 들어, Gree전기는 2006년에도 이미 업계 1위였고 지금도 1위인데, 그 사이에 점유율은 더 높아졌고 이익률도 더 높아졌다. 2006년으로 돌아가서 종목을 선택해야 한다고 해도, 그냥 1위 기업을 선택하는 것이 현명한 선택이었을 것이다.

마지막 변수인 PER은 대부분의 경우 앞의 4가지 변수들이 좋아지는 국면에서 PER이 폭발하며 주가를 한 번 더 점프 시킨다. 앞의 4가지 변수들이 동시에 좋아지는 국면이 되면 모든 사람이 그 회사를 칭송하고, 실적보다 주가가 더 빨리 상승하면서 PER이 상승하기 때문이다. 그런데 문제는 그렇게 PER이 폭발할 때 매수를 하는 경우가 더 많다. 그 뒤의 결과가 어떨지는 굳이 얘기하지 않겠다.

그런 실수를 줄이기 위해 우리의 경험을 활용해 앞으로 성장이 있을 법한 업종을 먼저 판단하고 먼저 사놓자는 것이다.

4.

그래서 누가 인도의
Gree전기가 될 수 있을까?

 적을 알고 나를 알아야 하듯이, 중국의 샘플 종목을 알았으니 이제 인도의 도플갱어를 살펴보자.

우리가 선택한 인도의 후보는 Voltas라는 종목이다.

| Voltas를 선택한 이유

첫 번째 이유는 Voltas가 에어컨 전문 기업에 가깝다는 점이다. 최근에 냉장고, 세탁기 등 일반 가전 사업을 시작했지만, 여전히 에어컨의 매출 비중이 최대 비중을 차지하고 있어 에어컨 수요 증가의 가장 큰 혜택을 받을 수 있다. 이 점은 Gree전기와 매우 유사하다.

두 번째 이유는 Voltas가 인도 현지 에어컨 판매량 1위 기업이라는 점이다. Gree전기가 2006년에 이미 중국 내수 시장 1위를 차지하고 있었던 것처럼, Voltas도 현재 인도 시장에서 1위를 기록하고 있다.

인도의 대표적 가전 기업 중 Voltas 외에도 Havells라는 회사가 손꼽히는 종목이다. 에어컨 시장 점유율 측면에서 Havells는 3위를 차지하고 있어 에어컨 시장의 혜택을 받을 수 있으며 시가총액도 Voltas보다 2배 이상 크다. 따라서, 우리의 컨슈머 파워 ETF는 Havells도 일정 부분 편입할 것이다. 하지만 Havells보다 Voltas를 최우선 종목으로 선택한 이유는 Havells는 중국의 종합 가전 기업인 하이얼스마트홈에 가깝다. Gree전기가 104배 상승할 때, 냉장고, 세탁기까지 만드는 하이얼스마트홈은 45배 상승했으니, 이왕이면 Gree전기의 도플갱어인 Voltas를 선택하는 것이 더 합리적이라고 본다.

1) Voltas의 기본적인 사항

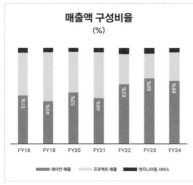

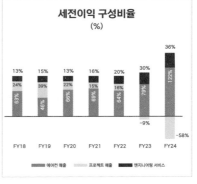

출처: HSBC증권 INDIA

제시된 자료들은 Voltas의 매출액과 세전 이익의 사업 부문별 비중을 보여준다. 매출액에서 에어컨 매출이 차지하는 비중이 66%까지 늘고 있다. 에어컨 이외에 '프로젝트 매출'로 번역한 사업부는 건물 등에 들어가는 냉방시설을 프로젝트로 수주 받아 시공하는 것이다. 이 사업부는 에어컨과 관련되어 있지만, 부동산 경기와 프로젝트 발주처의 부실 가능성 등 외부 요인의 영향을 많이 받아 이익 변동성이 크다.

현재 에어컨 사업의 이익 기여도는 거의 122%에 육박한다. 앞으로 에어컨 시장이 성장하면서 매출과 이익의 기여도는 더 커질 것으로 예상된다. 따라서 Voltas는 Gree전기의 성장 패턴과 유사한 궤적을 보일 가능성이 높다.

2) Voltas의 시장 점유율

다음 자료에서 보는 바와 같이 Voltas는 현재 인도의 에어컨 시장 1위를 차지하고 있다.

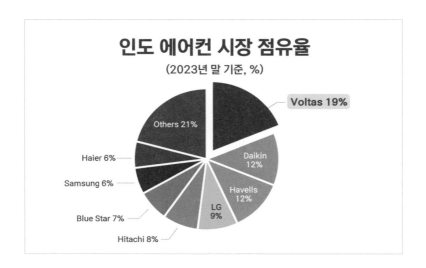

인도 에어컨 시장 점유율
(2023년 말 기준, %)

Voltas 19%
Daikin 12%
Havells 12%
LG 9%
Hitachi 8%
Blue Star 7%
Samsung 6%
Haier 6%
Others 21%

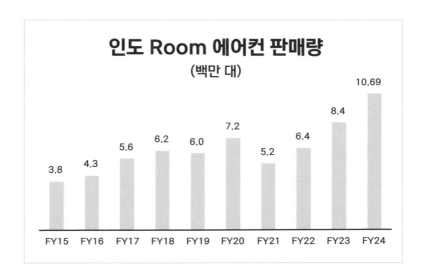

인도 Room 에어컨 판매량
(백만 대)

FY15: 3.8
FY16: 4.3
FY17: 5.6
FY18: 6.2
FY19: 6.0
FY20: 7.2
FY21: 5.2
FY22: 6.4
FY23: 8.4
FY24: 10.69

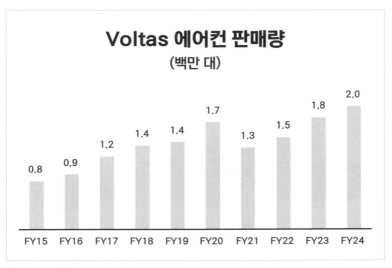

Voltas 에어컨 판매량
(백만 대)

FY15: 0.8
FY16: 0.9
FY17: 1.2
FY18: 1.4
FY19: 1.4
FY20: 1.7
FY21: 1.3
FY22: 1.5
FY23: 1.8
FY24: 2.0

출처: HSBC증권 INDIA

Voltas는 2023년 말 기준 에어컨 시장 점유율 19%로 1위를 차지하고 있으며, 2위는 일본 기업인 Daikin, 3위는 인도의 Havells 이다. Voltas, Havells, Blue Star의 3개 회사는 인도 로컬 기업들이며 나머지는 글로벌 가전기업들이다. 흥미로운 점은 인도의 로컬 기업들이 에어컨 시장에서 상위를 차지하고 있으며, 그 중에서도 Voltas는 중국의 2006년 당시 Gree전기와 비슷한 상황에서 1위를 기록하고 있다.

2022년 기준 CLSA 리포트에 따르면 인도의 에어컨을 제외한 나머지 가전제품은 삼성, LG 등 외국 브랜드들이 상위에 있다.

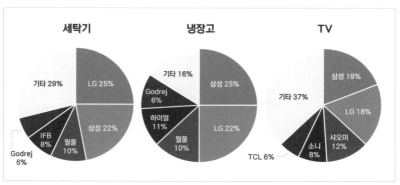

출처: CLSA증권

이러한 현상은 중국의 2006년 상황과 매우 유사하다. 당시 중국도 에어컨은 Gree전기, Midea 등 로컬 기업이 상위를 차지했고, 다른 제품은 해외 브랜드들이 상위를 점유했다. 에어컨 시장에서 로컬 브랜드가 강세를 보이는 특성 덕분에 인도의 Voltas도 1위를 유지할 가능성이 높다.

하지만, Voltas의 시장 점유율에서 한 가지 더 참고할 점이 있다. 다음 그림은 Voltas의 10년간 에어컨 시장 점유율 추이를 보여준다. 2021년 25%까지 기록했던 점유율이 최근 하락세를 보인다. 이는 에어컨 시장이 커지면서 업체 간 경쟁이 치열해진 결과이다. 이 과정에서 Daikin, Havells, Blue Star 같은 기업들의 점유율이 높아졌고 Voltas의 점유율은 하락했다.

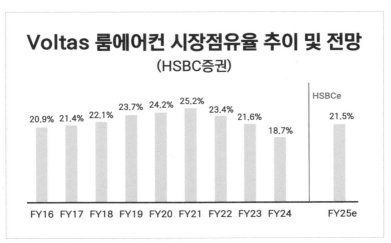

출처: HSBC증권 INDIA

단기적으로 Voltas의 이러한 점유율 하락세가 걱정스러울 수 있다. 그러나 장기 투자를 지속하다 보면 이런 걱정스러운 일들을 수도 없이 마주치게 된다. 이럴 때 중국에서의 투자 경험이라는 타임머신을 활용해 보면 어떤 결론을 얻을 수 있을까?

예를 들어, 점유율 하락세가 신경 쓰인다면, Gree전기의 시장 점유율 사례를 통해 Voltas의 미래를 예측해 보자. Gree전기는 2위 경쟁자 Midea와 끝없는 가격경쟁을 지속했고, 이에 따라 Voltas처럼 점유율 하락을 여러 번 경험했다. 그러나 상위 기업들의 경쟁 속에서 오히려 하위 기업들이 도태되었고 상위 3개사의 에어컨 시장 점유율 합계는 2008년 55%에서 2023년 75%로 증가했다. 이 과정에서 상위 기업들도 제 살 깎기 경쟁을 줄이면서 정상적인 마진율로 회복했다. 1~2년의 단기 투자 관점에서는 이러한 중국의 사례가 도움이 되지 않지만, 장기 투자자라면 충분히 참고할 수 있는 타임머신 역할을 한다.

인도 현지 HSBC, NUVAMA증권의 애널리스트와 Voltas의 의견에 따르면 인도의 에어컨 시장 경쟁은 본격화되고 있다. 에어컨 시장 판매량이 커질수록 많은 가전회사가 경쟁에 동참할 것이다. 그로 인해 점유율의 등락이 반복되겠지만, 중국의 사례를 참조한다면 'Others'로 표시된 소규모 기업들이 도태되면서 상위 기업들의 점유율 합계는 오히려 상승할 것으로 예상된다. 현재 Others의

점유율은 21%이므로 상위 기업들이 나눠 가지기에 충분한 규모로
보인다.

투자 타임머신으로 추정해 보는
Voltas의 미래

Gree전기의 주가 상승 요인을 분해했던 것과 같은 과정으로
Voltas의 주요 변수들을 하나씩 분해해 보도록 하겠다. 이를 통해
Voltas의 성장이 얼마나 커질 수 있을지 한번 가늠을 해보는 것이
필요하다. 추정이 정확하지는 않겠지만, 대략 어디까지 갈 수 있을
지를 가늠해 보게 되면 이정표를 바라보며 항해하는 것처럼 기준이
되어줄 수 있을 것이다.

1) 인도 에어컨 시장 판매량 증가율

기억을 되살리기 위해 중국의 케이스를 다시 요약하면 다음과
같다.

중국	2005년	2019년	증가율
내수 판매량	2,633만 대	9,791만 대	3.7배
수출 판매량	2,615만 대	6,778만 대	2.6배
합계	5,249만 대	16,569만 대	3.2배
중국 가구 수	3.89억 가구	5.04억 가구	1.3배
에어컨 보유대수	1.70억 대	5.65억 대	3.3배
에어컨 보급률	44%	118%	2.7배

만일 현재의 인도가 2019년의 중국 수준으로 성장한다면 다음과 같을 것이다.

구분	인도(2023년)	중국(2019년)	증가율
내수 판매량	1,069만 대	9,791만 대	9.15배
인도 가구 수	3.18억 가구	5.04억 가구	1.58배
에어컨 보급률	7%	118%	16.8배

출처: UBS증권, WIND, Euromonitor, India National Family Health Survey5, Voltas

제시된 표는 2023년의 인도의 에어컨 내수 판매량만을 중국과 비교한 것이다. 아직 인도는 에어컨을 수출하지 못하고 있기에, 만일 중국의 수출 물량까지 비교 대상에 포함하면 Voltas의 판매량 증가 잠재력이 9.15배에서 거의 15.5배 수준으로 커질 것이다. 하지만 지금 그 부분까지 감안하지 않아도 충분한 성장을 보일 수 있다고 생각되기 때문에 비상금을 저축해 놓는다는 생각으로 중국의 수출 물량은 비교 대상에서 제외했다.

결과적으로 인도의 내수 에어컨 판매 물량이 2019년 중국의 수준으로 성장한다면 약 9.15배의 물량이 증가할 수 있다. 중국과 인도의 인구가 14억 명으로 비슷하기 때문에 이렇게 1대1로 비교하는 것이 합리적으로 보인다.

2) Voltas의 시장 점유율 및 판매량 증가율

앞서 Voltas의 시장 점유율이 최근 3년간 하락세를 보였다고 설명했다. 이는 아쉬운 점일 수 있지만, 오히려 점유율이 낮은 시기에 투자할 기회가 생긴다고 긍정적으로 볼 수 있다. 2023년 말 기준 19%인 Voltas의 점유율이 과거 전성기 수준인 25%로 회복하거나 추가 상승한다면, 현재가 저가 매수의 좋은 기회였다고 평가될 것이다. 예를 들어 Gree전기의 점유율이 현재 19%에서 2021년도 고점인 25%로 회복된다고 가정하면 점유율이 약 1.3배 증가하는 셈이다. 이 경우 시장 전체 판매량 증가율이 9.15배임에도 불구하고, Voltas의 판매량은 약 15배 증가할 수 있다.

중국 시장의 사례를 참고한 Voltas의 이론적인 판매량 상승 외에도 실제로 인도 현지 여러 증권사 애널리스트와 세미나를 통해 그들의 의견을 참고했다. 대부분의 애널리스트는 나처럼 5년 이상, 10년 이상의 관점에서 분석하지 않기 때문에 시각 차이가 있을 수밖에 없다. 그러나 앞으로 1~2년 정도의 시장 전망과 구체적인 분석에서는 그들이 많은 정보를 가지고 있어 유익한 참고가 되었다.

다음은 HSBC증권과 인도 로컬 최대 증권사 중 하나인 Nuvama 증권 애널리스트들이 보는 Voltas에 대한 견해를 요약한 것이다.

- 아직 인도인들의 소득 수준을 감안할 때 에어컨은 럭셔리 제품으로 인식되고 있으며, 에어컨을 사용할 때 발생하는 전기요금에 대한 부담도 큰 편임(한국에서도 전기요금이 무섭다고 에어컨을 사놓고 아껴 틀었던 시절이 있었음을 감안하면, 오히려 우리의 투자 타임머신 전략이 먹힐 것 같은 느낌을 받는다).
- 그럼에도 에어컨 시장의 성장 전망을 좋게 보기 때문에 현재 수십 개의 에어컨 브랜드들이 시장에 존재하고 있으며, 그중 의미 있는 점유율을 보유한 기업들은 5~7개 정도임.

– 로컬 플레이어들이 유독 에어컨 시장에서 해외 브랜드들보다 선전

　　하고 있는데, 특별한 이유가 있는지?

　① Voltas는 에어컨 사업에만 집중하는 회사로, 에어컨 사업에 최선을 다할 수밖에 없음. 하지만 다른 글로벌 브랜드들은 냉장고, 세탁기 등 여러 제품 라인업을 보유하고 있어 에어컨에만 집중하지 않음. 즉, 냉장고가 잘 팔리면 그쪽에 마케팅을 집중하는 등 하나에 집중하지 못함.

　② Voltas는 로컬 기업이기는 하지만, 타타그룹 계열사이기 때문에 인도 사람들이 볼 때는 해외 브랜드와 견줄 수 있는 큰 회사로 생각되어 인지도 측면에서 대등함.

　③ Voltas, Daikin(일본), LG(한국)의 3개 브랜드는 판매망 규모로 볼 때 전국구 브랜드지만, 나머지는 특정 지역에서 주로 플레이하는 지역구 플레이어들임. 따라서 시장 점유율의 규모에서 기본적인 차이가 날 수밖에 없음.

　– 그럼에도 불구하고 최근 Voltas의 시장 점유율이 하락하고 있는 것

　　을 어떻게 보는가?

　① Voltas의 점유율 하락의 주요 원인은 Daikin 등 외국 브랜드들이 경쟁을 걸어왔기 때문임. 즉, 과거 Daikin 등의 제품은 자동차로 치면 BMW, 벤츠처럼 상대적으로 고가인 럭셔리 에어컨 수요를 타깃으로 했음. 반면, Voltas 제품은 도요타, 혼다 같은 범용 시

장을 타깃팅했음. 그러나 Daikin 등이 가격대를 낮추면서 Voltas 의 범용 제품 시장을 공략하기 시작한 것이 원인이 되었음.

② 여기에 더해서 Havells같은 로컬 기업들도 에어컨 시장에 진출하면서 중저가 시장에서 경쟁이 치열해짐.

③ 그러나 이런 경쟁이 장기간 지속되기 어렵다고 봄. 그 이유는 경쟁사들이 적자를 보면서 제품을 판매하고 있기 때문임. 영업 이익률 기준으로 30여 개 브랜드 중에서 상위 4개 사 정도만 이익을 내고 있으며, Havells나 히타치 등을 포함해 나머지는 다 적자를 보면서 점유율을 위해 경쟁 중임.

④ 따라서 상위 3~4개 회사 외에는 장기적으로 살아남기 힘들다고 보고 있으며, 상위 3~4등에 들기 위해서는 반드시 전국구 플레이어가 되어야 함. 이는 전국적인 판매망을 갖춰야 하는 등 추가적인 투자가 필요함. Voltas는 이미 전국구 플레이어로 자리를 잡고 있어 유리한 위치임.

⑤ 결론적으로 대부분 애널리스트들은 Voltas의 점유율이 설사 추가로 일부 더 하락할 수는 있겠으나, 결국에는 1위 자리를 유지할 수 있을 것으로 전망함. Voltas가 타타계열사로서 신뢰하는 브랜드로 보는 소비자들의 인식과 함께 전국적인 광고, 마케팅, 판매망 관리 능력을 감안할 때 큰 문제 없다고 보고 있음.

· 2024년 6월 Voltas 기업 탐방 시 회사 측 견해

– 시장 점유율 관련 회사의 전략은?

① 현재 인도 에어컨 시장의 경쟁구도를 제품의 평균적인 가격대로 분류하면, 미쯔비시 107원 〉 다이킨/LG 103원 〉 블루스타 101원 〉 Voltas 97원 〉 Havelles 93원임.

② 최근 점유율이 하락한 주요 원인은 다이킨이 당초 미쯔비시 급에서 가격대를 낮추면서 Voltas의 고가 고객을 빼앗아 갔고, Havells가 저가 고객을 빼앗아 갔기 때문임.

③ 하지만 회사는 무조건 가격을 낮추기보다는 오히려 판매 네트워크를 확대해서 경쟁자가 아직 진입하지 못한 지역을 공략하는 등의 방식을 병행하고 있음. 물론 일부 가격 대응으로 마진율도 소폭 하락하기는 했지만, 가격과 마케팅 전략을 병행하면서 균형을 맞추고 있음.

④ 특히, 경쟁자들이 대부분 가정용 에어컨에서는 이익을 내지 못하고 다른 사업부에서 번 돈을 태워 가면서 경쟁하는 것이므로 시간이 지나면서 경쟁 강도는 약해질 것임. 실제로 작년에는 경쟁이 완화되면서 Voltas의 점유율이 다시 20%대로 회복했을 것으로 판단하고 있음.

– 판매 네트워크 확대 전략은 경쟁사와 어떻게 차별되나?

① 에어컨은 설치라는 과정이 필요하기 때문에 온라인 구매가 어려운 제품임. 반드시 판매사의 에어컨 설치 Off–Line 네트워크가 병행되어야 하며, A/S 서비스도 판매에 중요한 요소임.

② Voltas의 경우 이미 70년의 업력을 보유하고 있고 전국에 35,000개의 판매망을 구축했으며, 이를 45,000개까지 확대할 계획임.

③ 이러한 오프라인 판매망은 경쟁사가 쉽게 따라오기 어려운 부분임. 특히, 현재 에어컨 기업 60~70개가 난립하고 있어, 향후 시장 점유율 하위의 소규모 업체들이 도태되면서 자연스럽게 시장이 과점 될 것임.

④ 참고로 현재 Voltas의 판매 네트워크 비중과 변화 양상은 다음과 같음.
   2022년: 딜러 샵 55%~60%, 가전 양판점 30~35%, 이커머스
         5~7%, 자체 프랜차이즈 2~3%
   2024년: 딜러 샵 40~45%, 가전 양판점 40~42%, 이커머스
         7~8%, 자체 프랜차이즈 10%

– 부품 자체 생산을 통한 원가 절감 노력은?
① FY2024년의 판매량은 약 2백만 대로 예상되나, 현재 추가로 최대 2
  백만 대 생산이 가능한 신규 공장을 건설 중임. 이 중 일차적으로 1
  백만 대 생산 시설이 3분기 중 가동을 시작함. 이를 통해 전체 원가
  의 40~45%까지는 자체 생산이 담당하게 될 것임.
② 나머지 핵심 부품인 모터와 컴프레서는 중국 측 파트너와 합작으로
  부품 공장을 설립하여 현지 생산하거나, 중국 측 파트너로부터 수입
  할 계획임.
③ 핵심 부품 자체 생산을 서두르지 않는 이유는 아직 중국에서 수입하
  는 것이 싸기 때문임. 기술적으로 생산을 못 하는 것은 아니나, 중국
  의 에어컨 생산 밸류체인이 가진 규모의 경제로 인해 수입 단가가 더
  저렴함. 하지만 향후 Voltas의 판매량이 증가하여 규모의 경제에 도
  달할 경우 자체 생산으로 돌릴 계획이 있음.

3) 평균 판매단가 개선 정도

중국의 Gree전기의 경우 2005년부터 주가가 최고점을 기록한
2019년까지 평균 판매단가가 약 1.9배 상승했다. 이 판매단가 상

승은 소득 수준의 향상에 따른 고급화 수요 증가가 주요 동력으로 작용했다. 현재 Voltas도 Gree전기의 2005년 상황과 비슷하게 고급화 가능성이 크다고 판단된다.

아직 인도에는 스탠드형 에어컨이 없다. 모두 벽걸이형뿐이다. 한국의 경우 100만 원 중반 이상의 스탠드형 에어컨을 기본으로 생각할 것이다. 하지만, 인도의 경우 창문형 에어컨에서 벽걸이형, 분리형 에어컨으로 넘어가는 단계이다. 대략 전체 에어컨 판매량의 약 80% 이상이 분리형 벽걸이 에어컨이고, 창문형 에어컨은 약 20% 정도로 점차 비중은 줄고 있다. 이렇게 본다면 앞으로 인도 에어컨 시장에도 스탠드형 등 고가 제품들이 언젠가 주류를 이루면서 평균 판매단가가 상승할 가능성이 충분하다고 판단할 수 있다.

4) 이익률 개선 정도

다음 단계로 살펴볼 변수는 이익률의 개선 정도이다. 중국의 Gree전기의 경우 주가 상승의 가장 큰 요인은 이익률의 개선이었다. 매출은 11배 정도 상승했지만, 순이익률이 2005년 2.6%에서 2019년 12.9%로 5배 가까이 상승하면서 순이익은 50배 이상 증가했다. 순이익이 50배가 넘게 증가했으니, 주가가 그렇게 많이 오른 것은 당연한 결과일지도 모른다.

그렇다면 현재 Voltas의 이익률은 얼마나 되고, 얼마나 개선될 수 있을까? 이 부분은 다소 복잡하다. 왜냐하면 Voltas의 프로젝트 사업부가 적자를 내면서 이익률이 크게 하락한 것처럼 보이기 때문이다. 다음 자료는 Voltas의 순이익률 추이를 보여주며, 자료 오른쪽 부분의 2024년 이후 숫자는 HSBC증권의 전망치다. 증권사들의 전반적인 합의는 2023년의 경우 일회성 요인으로 인한 일시적인 하락이었으며, 향후 정상으로 회복할 것으로 보고 있다.

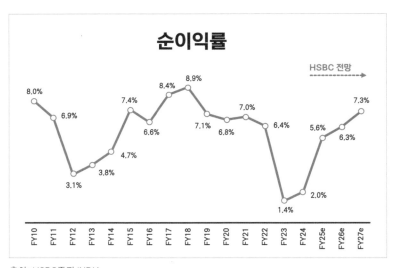

출처: HSBC증권 INDIA

순이익률에 급격한 변화를 불러온 원인을 하나씩 살펴보자. 결론부터 이야기하면, 에어컨 이외의 다른 사업부에서 일회성 적자가 크게 발생했기 때문이다. Voltas의 매출 중 에어컨 사업 비중은 증가했으나, 여전히 프로젝트 매출 비중은 20%대를 차지하고 있다.

그런데, 2023년과 2024년 3월까지 프로젝트 매출에서 적자가 발생했다. 프로젝트 매출은 오피스, 데이터 센터 등 상업용 건물에 냉방시설을 설치하는 업무로 건설 수주 산업의 성격을 지닌다. 특히 고객의 상당수가 중동 지역에 있는데, 2023년에 중동의 프로젝트 중 하나가 고객 사정으로 중도에 취소되면서 회사에 손실을 입혔다. 다음 그림은 사업부별 마진율을 보여주며, 프로젝트 사업부는 2013년, 2014년에도 유사한 손실을 기록한 바 있다.

출처: HSBC증권 INDIA

지금 당장의 이익 감소는 주가에 부정적일 수 있으나, 장기적인 관점에서 보면 일회성 영향일 뿐이며, 향후 에어컨 사업부의 매출과 이익이 커지면 다른 사업부의 영향이 작아지면서 이익의 안정성이 개선될 것이다.

Voltas 이익률 하락의 또 다른 원인은 합작법인(JV, Joint Venture)에 따른 손실이다. Voltas는 에어컨에만 만족하지 않고 2018년에 유럽의 가전 기업 Arcelik과 함께 'VoltBek'이라는 합작법인을 설립해 냉장고, 세탁기 등 일반 가전 시장에 진출했다. 하지만 현재까지 적자를 보고 있으며, JV 지분 50%를 보유한 Voltas의 재무제표에 손실이 반영되고 있다.

다음 그래프에서 '일반 가전 JV 손익'으로 표시되는 부분이 VoltBek의 손실 반영분이다. FY2024년에는 프로젝트 사업부의 적자로 인해 Voltas 자체의 이익이 줄어든 상황에서 VoltBek의 JV 손실까지 반영되면서 충격이 가중되었다. 그러나 HSBC증권의 전망치에 따르면 VoltBek의 판매량이 증가하면서 점차 이익으로 전환될 가능성이 높다고 보고 있다.

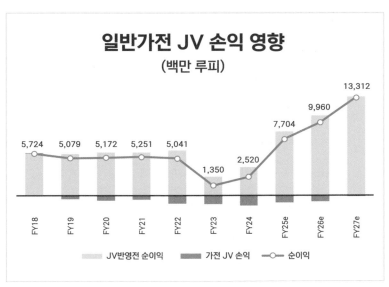

일반가전 JV 손익 영향
(백만 루피)

5,724	5,079	5,172	5,251	5,041	1,350	2,520	7,704	9,960	13,312

FY18 FY19 FY20 FY21 FY22 FY23 FY24 FY25e FY26e FY27e

JV반영전 순이익   가전 JV 손익   순이익

출처: HSBC증권 INDIA

참고로 인도 현지 애널리스트들이 바라보는 Voltas의 구조적인 이익률 개선 가능성에 대한 의견을 요약하면 다음과 같다.

- 중국 에어컨 업체들의 이익률 개선 요인 중의 하나는 부품 자체 생산 비율 증가에 있었음.
- 인도의 경우, 중국산 에어컨을 주문자위탁생산(OEM, Original Equipment Manufacturing)으로 생산해 자기 브랜드만 붙여서 판매하거나, 에어컨 원가의 30% 정도를 점유하는 컴프레서 등 핵심 부

품도 수입하는 경우가 일반적임. Voltas의 경우 에어컨을 자체적으로 생산하기는 하나, 컴프레서와 모터는 수입하고 있음.

- 하지만 이러한 추세에 변화가 생기고 있으며, 향후 자체 생산 비율이 계속해서 높아질 것으로 보임.

- 그 이유는 인도 정부의 PLI제도임. PLI는 Production Linked Incentive 제도로 인도 내에서 새롭게 제조된 공산품에 대해서 정부가 매출의 일정 비율을 인센티브로 지급하는 제도임. 이를 통해서 완성품 수입보다 인도 내 생산을 장려하고 공장 건설과 고용 유발 효과를 유도함. 해당 PLI제도는 자동차, 가전제품 등 주요 제조업에 실질적인 영향을 미치고 있음.

- 또한, 이와 동시에 인도 정부는 완성품으로 수입되는 에어컨 등에 관세를 높여 채찍을 가하는 역할도 병행하고 있음. 이를 통해 완성품 단순 수입을 줄이고 가능한 인도 내 자체 생산을 적극 장려하고 있음. 이러한 추세에 맞춰 Voltas도 자체 생산율을 높이기 위한 생산 시설에 투자하기 시작했음.

- 인도 정부의 PLI제도는 공장 건설과 마진 개선 효과 확인까지의 과도기를 인센티브로 메워주는 역할을 목적으로 함. PLI 인센티브는 가전 업종의 경우 자체 생산 매출액의 4~5% 정도를 5년간 인센티브로 지급받을 수 있기 때문에 가동률 상승 전까지의 공백기를 보충할 수 있음.

– 이 부분은 또다시 상위 기업들과 하위 기업들의 격차를 벌리는 요소가 될 것임. 단순히 OEM 제품에 브랜드를 바꿔서 판매하던 하위 기업들은 점차 도태될 수밖에 없기 때문임.

5) PER 변화

Voltas의 주가 상승 잠재력을 평가하는 다섯 가지 변수 중 PER 직전까지의 상승 잠재력은 중국 Gree전기의 케이스보다 매우 높다. 하지만 중국의 경우 PER이 낮았다가 향후 높아진 반면, 인도는 PER 수준이 이미 높아 PER 상승에 따른 추가 보너스를 기대하기 어렵다.

일회성 손실을 제외한 정상적 이익을 기준으로 현재 시장에서 Voltas에 부여하는 PER은 50~60배 수준으로 추정된다. 현재 인도 시장 NIFTY 50 지수의 PER이 약 20배 후반인 점을 감안하면, Voltas는 시장 평균보다 약 2배 정도 프리미엄을 받고 있다.

보수적으로 본다면, 여기에서 더 높은 PER을 적용받아 Voltas의 주가가 한 번 더 점프하기는 어려울 것이다. 따라서 순이익의 증가 폭까지만 주가 상승 여력으로 보는 것이 합리적이다.

6) 배당 수익률 복리 효과

Gree전기의 수익률이 100배가 넘어갈 수 있었던 이유는 마지막에 배당 수익률의 복리 효과가 작용했기 때문이다. 단순 주가 수익률은 약 68배였으나, 중간에 받은 배당금을 재투자하여 얻은 주가 상승 수익을 더해 총수익률이 약 104배가 되었다.

따라서 Voltas도 향후 수익이 안정화되고 배당금이 증가하면 배당금의 복리 효과를 기대할 수 있다. 이를 추정하기 위해 다음과 같이 배당 성향을 살펴보았다.

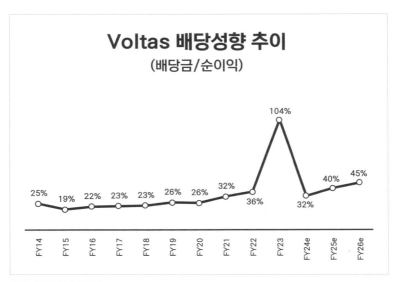

출처: HSBC증권 INDIA

Gree전기의 사례를 살펴보면, 비교 대상 기간 전반부인 2005년부터 2012년까지의 배당 성향 평균은 25%로 Voltas와 유사한 수준이었다. 그러나 후반부인 2013년부터 2022년까지의 배당 성향 평균은 49%로 약 두 배 높아졌다.

Voltas의 2014년~2022년까지의 배당 성향 평균은 약 26%로 높지 않다. 하지만, Voltas도 Gree전기와 유사한 패턴을 따라서 향후 배당 성향이 증가할 가능성이 있다. 현재는 생산 설비 확충과 핵심 부품인 컴프레서 생산시설 투자가 필요해 배당보다는 투자에 집중하고 있다. 하지만 어느 정도 궤도에 오르면 이익률이 높아지고 새로운 투자 부담이 줄어들어 배당 성향이 높아질 가능성이 있다. 이 경우 순이익이 증가하는 와중에 배당 성향까지 높아지면 배당금은 더 빠른 속도로 증가할 가능성이 크다.

성장 초기에는 성장주로서의 주가 상승 수혜를 누리다가, 이후 회사가 성숙기에 접어들면 투자 원금 대비 매우 높은 현금 배당을 받는 것이 우리가 인도의 컨슈머 파워 주식들에 기대하는 최상의 시나리오일 것이다.

Voltas 주가에 대한 저자의 생각

Voltas의 장기적인 주가 상승 잠재력 문제는 몇 배의 수익을 볼지 보다는, 그런 충분한 수익을 확인할 때까지 우리가 장기간 투자를 할 수 있느냐가 아닐까 싶다.

이 책을 통해 우리가 분석하고 판단한 모든 과정을 공개하는 이유는 독자들도 자세한 내용을 알면 이해하고 기다릴 힘이 생길 것이라고 보기 때문이다.

하지만 대부분의 경우 투자는 하지만 내가 어디에, 왜 투자했는지, 그리고 정확히 무엇을 기다려야 하는 것인지 잘 모른다. 그저 속이 보이지 않는 검은 불투명 선물 상자를 들고 있는 경우가 대부분이다. 상자 속에 무엇이 들어있는지 모르는 상태에서 무조건 오래 들고 있으라고 하는 것은 무리한 요구이다. 블랙박스가 조금만 흔들리고 이상한 느낌이 들어도 던져 버릴 수밖에 없는 것은 당연하다.

결국 이 책의 목적은 우리가 무엇을 기대하고 있는지, 그리고 그 기대가 실현되려면 인도와 Voltas에 어떤 일이 일어나야 하는지 함께 공유하고, 그들이 우리가 기대했던 방향으로 가고 있는지 목적지에 도달할 때까지 함께 지켜보는 일일 것이다.

| Voltas 본사의 전시장 전경

| Voltas 에어컨 전시제품

| 모회사 타타그룹이 운영하는 가전양판점 Croma 전경.
우리나라의 하이마트와 같은 매장이다.

자동차 업종
컨슈머 파워
도플갱어 찾기

앞서 가전 업종의 설명 과정에서는 주가 상승을 만들어내는 요소들을 분해하는 방법과 기본적인 투자 철학 등을 다루었다. 이번 장에서는 자동차와 헬스케어 업종 분석에 집중하여 설명하겠다.

결론부터 이야기하면, 우리는 중국의 SUV 자동차 전문기업인 장성자동차를 인도의 장기투자 대상 샘플 종목으로 선택했다. 인도의 도플갱어 종목으로는 인도 로컬 브랜드 중 2위이면서 SUV 자동차 전문기업인 마힌드라&마힌드라자동차를 선택했다. 이 회사를 도플갱어로 선택한 이유를 요약하면 다음과 같다.

첫째, 중국의 경우 SUV에 대한 소비자 선호도가 상승하면서 SUV 차량 판매량이 자동차 시장 전체를 초과하여 성장했다. 그 과정에서 SUV 전문기업인 장성자동차가 최대 수혜를 입었다. 그런데 마힌드라자동차는 SUV만 생산하는 업체이고, 인도에서도 SUV에 대한 선호도가 크게 증가하고 있기 때문에 마힌드라자동차가 수혜를 받을 가능성이 높다.

둘째, 자동차 시장이 성장하면서 중국 로컬 브랜드들의 가성비가 해외 브랜드를 추월하며, 결과적으로 로컬 브랜드의 시장 점유율이 상승하는 현상을 중국에서 확인하였다. 인도도 지금 당장은 해외 브랜드가 시장을 주도하고 있으나, 점차 로컬 브랜드의 위상과 점유율이 확대될 가능성이 높다고 보았다. 따라서 SUV 전문 업체이면서 동시에 로컬 대표 브랜드인 마힌드라자동차를 타깃으로 선택한 것이다.

참고로, 중국 장성자동차의 2005년 말 이후 총수익률은 최대 182배까지 상승했다는 점을 기억하면 중국과 인도의 자동차 시장을 비교하면 더욱 흥미로울 것이다.

1.

중국 자동차 업종 성장과
인도 자동차 업종 현황 비교

 ⏐ 중국 자동차 업종 사례

양국 간 자동차 업종의 싱크로율을 판단하는 데 가장 기본이 되는 보급률과 연간 판매량 수준을 먼저 살펴보겠다.

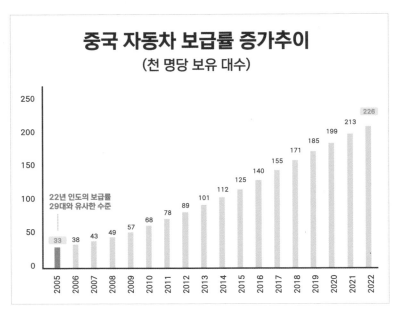

중국 자동차 보급률 증가추이
(천 명당 보유 대수)

출처: 중국 자동차공업협회, WIND

　보통 국가별 자동차 보급률은 인구 천 명당 자동차 보유 대수로 비교한다. 2005년 중국의 경우 천 명당 33대, 즉 인구 대비 약 3.3%의 비율로 자동차를 보유하고 있었다. 그러나 2022년에는 천 명당 226대, 즉 22.6%의 보급률로 증가했다. 현재 인도의 자동차 보급률은 중국의 2005년 수준과 유사하게 천 명당 29대 수준이다.

　다음 그림은 국가별로 인구 천 명당 자동차 보유 대수를 비교한 그래프다. 2022년 기준으로 미국이 천 명당 837대로 가장 높고,

한국은 472대, 중국은 226대, 인도는 약 29대이다. 인도의 보급률이 현재의 중국 수준으로 올라가려면 7.8배, 한국 수준이 되려면 16.2배 더 늘어나야 한다.

글로벌 자동차 보급률
(천 명당 보유 대수, 2022년)

출처: World Bank

중국인들의 소득이 증가하면서 연간 자동차 판매량도 지속적으로 증가했다. 연간 판매량은 2005년에 397만 대였고, 2017년에는 2,417만 대까지 6배가량 증가했다. 그런데, 인도의 FY2023 자동차 판매량은 약 388만 대, FY2024년은 약 420만 대로 중국의 2005년과 유사하다. 자동차 보급률과 연간 판매량의 두 가지 변수를 기준으로 판단할 때, 중국의 2005년 이후 자동차 시장 성장 과정을 통해 인도 자동차 시장의 미래를 예상해보는 것은 합리적이라고 보여진다.

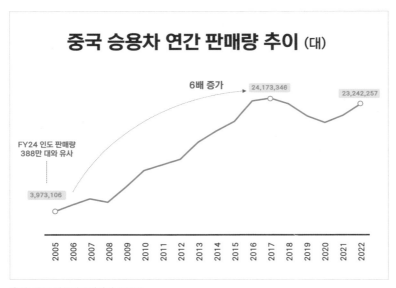

중국 승용차 연간 판매량 추이 (대)

6배 증가 24,173,346

23,242,257

FY24 인도 판매량
388만 대와 유사

3,973,106

2005 2006 2007 2008 2009 2010 2011 2012 2013 2014 2015 2016 2017 2018 2019 2020 2021 2022

출처: 중국 자동차공업협회, WIND

이제 우리가 해야 할 일은 2005년 이후 중국 자동차 시장에서 어떤 상황들이 발생하여 장성자동차의 수익률이 182배까지 상승할 수 있었는지를 파악하는 것이었다. 그 이유를 알면 인도의 도플갱어를 발굴하는 데 기준으로 사용할 수 있기 때문이다.

중국 자동차 시장 성장 과정에서 주목할 부분은 해외 브랜드보다 로컬 브랜드의 성장이 시간이 지날수록 빨라졌다는 점이다. 미국의 GM과 독일의 폭스바겐은 상해자동차와 합작으로 오랫동안 중국 시장 점유율 1위, 2위를 기록하며 양사 합계 30% 가까이 시장을 장악해 왔다. 그러나 2022년 기준 GM과 폭스바겐의 점유율 합계는 21%로 하락했고, 해외 브랜드 전체의 점유율도 68%에서 57%로 감소했다. 반면, 로컬 브랜드의 점유율은 2005년 32%에서 2022년 43%로 상승했다. 동일 기간 동안 해외 브랜드의 판매량이 2005년 대비 약 5배 증가한 반면, 로컬 브랜드의 판매량은 약 8.2배로 더 빠르게 증가했기 때문이다.

중국 자동차 시장, 해외/로컬브랜드 비중

출처: WIND

　과거 중국 자동차 시장에서 해외 브랜드는 글로벌 대형 업체 10개가 전체 시장의 60~70%를 나눠 가졌다. 반면, 로컬 기업들은 수십 개의 회사들이 난립하여 업체별로 규모의 경제를 갖추지 못했다. 그러나 시장이 성장하면서 장성자동차와 같은 로컬 대표 브랜드들이 규모의 경제를 갖추기 시작했고, 이를 바탕으로 시장 평균보다 훨씬 더 빠른 판매 증가율을 보일 수 있었다.

인도 자동차
업종 현황

인도의 FY2024년 자동차 시장 연간 판매량은 420만 대로, 중국의 2005년 판매량인 397만 대와 유사하다. 또한, 자동차 보급률(인구 천 명당 보유 대수) 측면에서도 중국의 2005년 33대와 인도의 2022년 29대가 유사한 수준이다. 이를 고려할 때 현재 인도 자동차 시장은 2005년 중국 자동차 시장과 유사한 시점에 있다고 판단할 수 있다.

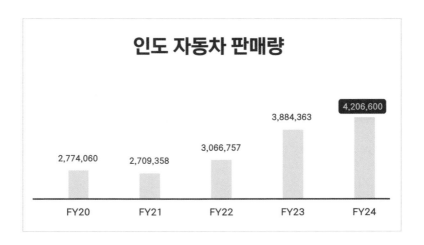

2.
장성자동차
72배 총수익률
상승 요인 분해

이제 중국 자동차 주식 중 대표적인 주가 상승률을 보였던 종목을 골라 상승 요인을 분석해 보겠다. 중국 자동차 회사 중 대표적인 주가 상승을 보인 회사는 장성자동차(2333 HK)와 BYD(1211 HK)이다. 각각 2005년 말 종가 대비 총수익률 기준 최대 상승 폭은 182배와 112배였다. BYD의 주가 상승 동력은 전기차에 대한 기대감이 주요 원인이었으나, 내연기관 자동차 보급 초기 단계인 인도의 자동차 회사들과는 유사성이 낮아 이번 비교대상에서 제외했다. 따라서 주가 상승 요인과 인도의 유사 종목 발굴에는 장성자동차의 사례를 참고하도록 하겠다.

4장
자동차 업종 컨슈머 파워 도플갱어 찾기

먼저 장성자동차의 총수익률(Total Return) 추이를 살펴보면, 크게 두 차례의 상승 랠리가 있었다. 첫 번째 랠리는 2015년 4월까지 72배 상승했다. 이후 SUV 고급화를 목적으로 출시한 신규 모델들이 실패하면서 주가가 조정을 받은 뒤 전기차 붐과 함께 두 번째 랠리가 진행되어 최대 182배까지 수익률이 상승했다.

출처: 블룸버그

에어컨 분석 때와 마찬가지로, 상해 종합지수가 6천 포인트를 돌파해 사상 최고치를 기록하던 2007년 9월 말에 장성자동차 주식을 매수했다면 이후 주가가 어떻게 변했을지 살펴보았다. 사상 최고치에 주식을 매수했더라도 첫 번째 랠리까지 약 14배, 두 번째 랠리까지는 36배의 상승을 보였다. 시장은 6천 포인트에서 3천 포인트대로 내려앉았지만, 자동차 업종의 성장 덕분에 장성자동차의 주가는 상승했다.

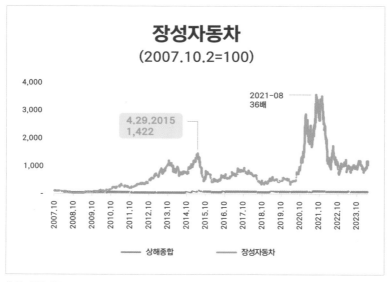

출처: 블룸버그

4장
자동차 업종 컨슈머 파워 도플갱어 찾기

이번 분석 대상 기간은 2015년 5월까지 72배 상승했던 첫 번째 상승 구간을 선택했다. 이 기간은 중국의 자동차 시장이 성장하고 장성자동차의 점유율이 상승하면서 주가를 끌어 올린 소위 '펀더멘털 장세' 구간이었기 때문이다. 2020년 이후 주가가 다시 급등하면서 누적 상승률 182배를 기록했는데, 이 시기는 전기차 열풍으로 장성자동차의 PER이 60배 가까이 상승한 것이 주요 원인이었으므로 분석 기간에서 제외했다. 따라서 장성자동차의 분석에 필요한 기준 시점은 2005년에서 2015년까지의 시장과 기업 데이터를 사용했다.

장성자동차, Great Wall Motor(2333 HK) 개요

1984년 허베이성에서 설립된 민간 자동차 회사로 중국 SUV 자동차 세그먼트 시장 점유율 1위 기업이다. 판매 브랜드는 GWM, Haval, Tank 등이 있다. 1984년 설립 당시, 트럭 생산 라이선스로 시작하였고 1998년에 픽업 차량 생산 라이선스를 받았다. 이에 따라 세단을 생산하지 못하고 SUV만 생산하게 되었는데, 오히려 이것이 SUV의 유행으로 전화위복이 되었다. 2003년 홍콩거래소에 최초의 중국 자동차회사로 상장한 뒤, 2011년 상해거래소에 듀얼 상장했다. 2019년부터는 BMW와 전기차 생산을 위해 Spotlight Auto라는 JV를 설립하여 BMW Mini 전기차를 생산한다.

시장 전체
상승률

중국 자동차 시장의 판매량은 2005년 397만 대에서 2015년 2,004만 대로 약 5배 증가했다. 이후 2017년에는 2,417만 대로 연간 판매량 최고치를 기록한 뒤 소폭 하락해 횡보하고 있다. 소득 증가와 함께 자동차 수요가 늘었다는 점에서 인도 역시 유사한 성장 패턴을 보일 것으로 예상된다. 시장 규모가 5배 성장한 것이 발판이 되고, 이에 회사의 자체적인 변화가 더해져 주가가 72배 상승한 것으로 볼 수 있다.

시장 점유율
상승

장성자동차의 시장 점유율은 2005년 1.4%에서 2015년 4.2%로 약 3배 상승했다. 2021년 2차 랠리 고점에서는 6.1%에 도달해 계속해서 상승을 이어갔다.

4장
자동차 업종 컨슈머 파워 도플갱어 찾기

장성자동차 시장점유율

- 2005 Y: 1.4%
- 2006 Y: 1.4%
- 2007 Y: 1.7%
- 2008 Y: 2.1%
- 2009 Y: 2.5%
- 2010 Y: 3.2%
- 2011 Y: 3.8%
- 2012 Y: 4.7%
- 2013 Y: 4.7%
- 2014 Y: 4.0%
- 2015 Y: 4.2%
- 2016 Y: 4.5%
- 2017 Y: 4.4%
- 2018 Y: 4.5%
- 2019 Y: 5.0%
- 2020 Y: 5.6%
- 2021 Y: 6.1%
- 2022 Y: 4.6%

장성자동차 판매량(대)

- 2005 Y: 57,198
- 2006 Y: 107,820
- 2007 Y: 209,860
- 2009 Y: 363,482
- 2010 Y: 462,679
- 2011 Y: 621,438
- 2013 Y: 732,989
- 2014 Y: 770,619
- 2015 Y: 846,272
- 2016 Y: 1,074,471
- 2017 Y: 1,053,039
- 2018 Y: 1,111,598
- 2020 Y: 1,280,993
- 2022 Y: 1,067,523

출처: WIND, UBS증권

인도 컨슈머 파워,
새로운 미래를 선점하라

가전 업종의 논리를 대입하면, 장성자동차의 판매량 증가율은 시장 전체 성장률 5배에 점유율 증가율 3배를 곱한 15배로 추정할 수 있다. 실제로 장성자동차의 판매량은 2005년 약 5.7만 대에서 2015년 약 84.6만 대로 14.8배 증가했다.

장성자동차의 시장 점유율이 크게 증가한 주요 원인은 SUV 시장의 성장이다. 다음 그림은 중국 자동차 판매량 중 SUV 비중의 변화를 보여준다.

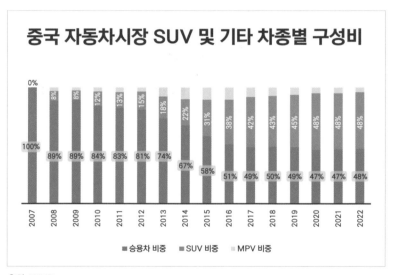

출처: WIND

2007년까지는 SUV로 분류되는 차량이 거의 없었으나, 2021년에는 거의 절반이 SUV로 바뀌었다. 이는 큰 차를 선호하는 중국인들의 성향과 전 세계적으로 SUV 선호도가 높아진 트렌드가 복합적으로 작용한 결과다.

장성자동차는 SUV만 만드는 회사다. 세단을 만들 수 있는 라이선스가 없어서 SUV만 만들었는데, SUV가 인기를 끌면서 대박을 낸 것이다. 따라서, 픽업이나 트럭을 제외한 SUV 판매량만을 따로 떼어내 계산해 보면 2005년 약 2.2만 대에서 2015년 약 69만 대로 31배 증가했다.

특이한 점은, SUV 판매량 최고점은 2016년 약 93만 대로 2005년 대비 42배 증가했으나, 주가는 이보다 앞선 2015년 4월 말에 1차 고점을 기록했다. 이는 시장에서 이미 장성자동차가 SUV 증가 트렌드의 최대 수혜주라는 점을 인지하고, PER 상승을 통해 주가에 선반영했기 때문이다. 주가 고점이 판매량 고점을 다소 선행했지만, 2015년까지의 1차 랠리는 SUV 판매량 증가에 의한 것임이 분명하다.

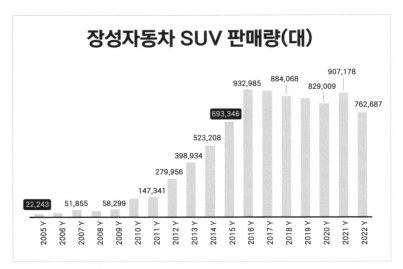

장성자동차 SUV 판매량(대)

22,243 · 51,855 · 58,299 · 147,341 · 279,956 · 398,934 · 523,208 · 693,346 · 932,985 · 884,068 · 829,009 · 907,178 · 762,687

2005 Y · 2006 Y · 2007 Y · 2008 Y · 2009 Y · 2010 Y · 2011 Y · 2012 Y · 2013 Y · 2014 Y · 2015 Y · 2016 Y · 2017 Y · 2018 Y · 2019 Y · 2020 Y · 2021 Y · 2022 Y

출처: WIND, UBS증권

　　뒤에서 자세히 설명하겠지만, 장성자동차의 인도 도플갱어로 선택한 마힌드라자동차 역시 SUV만 생산하며, 인도 시장에서도 SUV 비중이 급격히 증가하고 있어 장성자동차와 여러모로 비슷한 특징을 지니고 있다.

평균 판매단가
상승 효과

　2005년에서 2015년까지 장성자동차의 판매량이 15배 증가한 동안 평균 판매단가도 상승했다. 2005년 장성자동차의 평균 판매단가는 6.7만 위안(원화 약 1,200만 원)이었으나, 2015년에는 8.6만 위안(원화 약 1,600만 원)으로 약 1.3배 증가했다.

　이러한 평균 판매단가 상승은 고급화 추세와 매년 발생하는 인플레이션의 결과로 볼 수 있다. 평균 판가 증가율 1.3배는 트럭과 픽업트럭의 판매가가 포함된 전체 평균이므로 다소 낮게 계산되었다. 회사 사업보고서를 통해 확인한 결과, 2009년 SUV 공장 출하 가격 평균은 39,897위안에서 2022년 108,392위안으로 약 2.5배 상승했다. 2005년부터의 상승률은 이보다 더 클 것이다. 이는 소득 증가에 따른 고급 제품 수요 증가 추세가 가전제품뿐만 아니라 자동차 업종에서도 유사하게 진행된 것을 보여준다.

　판매량 증가율 15배에 보수적으로 약 1.3배의 평균 판매단가 상승률을 곱하면, 장성자동차의 2005~2015년 매출액 증가율은 약 19.2배가 된다.

장성자동차 매출액
(백만 위엔)

출처: 블룸버그

순이익률
증가율

장성자동차는 가전 업종의 Gree전기와는 달리 순이익률이 크게 증가하지 않았다. 1차 주가 랠리가 진행된 2015년까지는 10%대의 순이익률을 유지했다. 반면, 2차 랠리가 진행된 2020년 전후로는 순이익률이 큰 폭으로 하락했다. 이익률은 하락했지만, 전기차에 대한 기대감으로 PER이 크게 상승하면서 주가가 오르는 현상이 발생했다.

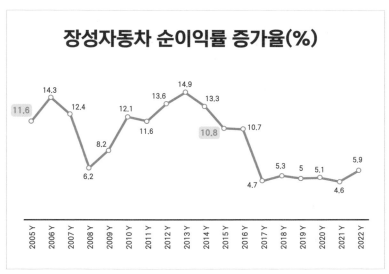

장성자동차 순이익률 증가율(%)

11.6
14.3
12.4
6.2
8.2
12.1
11.6
13.6
14.9
13.3
10.8
10.7
4.7
5.3
5
5.1
4.6
5.9

2005 Y
2006 Y
2007 Y
2008 Y
2009 Y
2010 Y
2011 Y
2012 Y
2013 Y
2014 Y
2015 Y
2016 Y
2017 Y
2018 Y
2019 Y
2020 Y
2021 Y
2022 Y

출처: 블룸버그

우리가 비교 대상으로 선정한 2005년부터 2015년까지의 1차 랠리 동안 순이익률은 11.6%에서 10.8%로 약 0.9배 하락했고, 순이익은 매출액 증가율 19.2배보다 소폭 낮은 18배 증가했다.

장성자동차 순이익
(백만 위엔)

출처: 블룸버그

2017년부터 순이익이 급감한 이유는 회사가 2017년부터 WEY 브랜드를 출시하며 급하게 브랜드 고급화를 추진한 데 있다. 마케팅 비용이 증가했지만, 성급한 브랜드 고급화가 소비자들에게 받아들여지지 않아 실적이 하락했다. 이후 2018년 ORA 전기차 브랜드와 2021년 TANK 럭셔리 오프로더를 출시하면서 비용이 지속적으로 증가했다.

이 부분은 향후 인도의 자동차 회사들이 고급화를 시도할 때 참고해야 할 사례다. 중저가 가성비를 내세우던 회사가 갑작스레 고

4장
자동차 업종 컨슈머 파워 도플갱어 찾기

급 브랜드로 전환하면 소비자들이 이를 받아들이기 어렵다. 브랜드 이미지는 서서히 쌓아가는 것이다.

우리가 장성자동차의 분석 기간을 1차 랠리 구간으로 잡은 이유도 해당 구간이 로컬 브랜드가 SUV와 가성비를 무기로 고속 성장하는 시기로, 인도의 현재와 비교하기 적합하기 때문이다.

| PER 변화

장성자동차의 1차 랠리 동안 주가는 57배 상승했다. 그런데 그 기간 동안 순이익은 약 18배 증가했으므로, 나머지 상승폭은 PER 증가에 의한 것이라고 볼 수 있다. SUV가 대세가 되고 장성자동차의 판매량이 급증하면서 시장의 관심이 폭발하는 PER 상승 시기를 맞이한 것이다.

앞서 Voltas를 설명하면서도 이야기했듯이, PER은 우리가 선택할 수 있는 것이 아니다. 회사가 속한 업종, 회사 자체의 매출과 이익률 등 모든 변수들이 맞아떨어지며 최상의 실적을 만들어내는 시기가 도래하면, 시장에서 그 회사를 칭송하는 투자자들이 급증하고, 그들이 PER을 밀어올리면서 실적 개선보다 주가 상승이 더 빠르게 나타나는 시기가 온다.

모든 사람이 회사를 칭송하고 PER이 주가를 밀어올리는 시기에 주식을 사면 어떤 결과가 나오는지는 굳이 말하지 않아도 알 것이다. 따라서 우리는 PER이 폭발하는 시기를 선택하는 것이 아니라, 미리 자리를 잡고 그 시기를 기다리는 전략을 취해야 한다.

▌ 배당 수익의 복리 효과

장성자동차의 단순 주가 기준 상승률 57배에 배당 수익을 합산한 총수익(Total Return)이 더해지면서 1차 랠리 당시 수익률은 최고점인 72배로 상승했다. 배당 효과를 확인하기 위해 다음 자료를 준비했다.

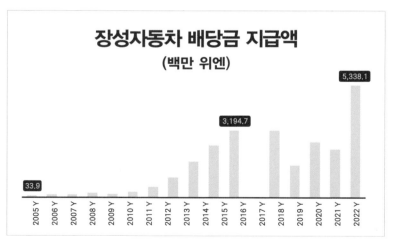

장성자동차 배당금 지급액
(백만 위엔)

출처: 블룸버그

4장
자동차 업종 컨슈머 파워 도플갱어 찾기

장성자동차의 배당과 관련해 특이한 점은, 분석 기간 후반부로 갈수록 순이익이 증가하는 동시에 배당 성향이 높아져 배당금이 기하급수적으로 증가했다. 장성자동차는 2005년부터 2014년까지 배당 성향이 연평균 20%였으나, 2015년부터 2022년까지는 평균 46%로 높아졌다. 이에 따라 장성자동차의 2005년 배당금은 3천3백만 위안이었으나, 2015년에는 31억 위안으로 약 94배 증가했다.

2005년 말 종가로 장성자동차를 매수한 사람이 지금까지 보유하고 있었다면, 2022년 한해에 받은 배당금은 투자 원금의 2배에 달한다. 장성자동차의 주가는 2015년 이후 한동안 부진했지만, 그 기간에도 최초 투자 원금에 육박하는 배당금을 매년 지급받았다. 덕분에 투자자들은 큰 불만 없이 그 기간을 견딜 수 있었고, 2020년 이후 또 한 번의 2차 주가 랠리가 찾아오면서 투자 원금 대비 182배의 총수익을 달성할 수 있었다.

이 부분이 성장하는 기업을 초기에 매수해야 하는 이유를 잘 설명해준다. 성장 초기에는 주가 상승으로 수익을 보고, 이후에는 배당금으로 매년 원금에 육박하거나 더 큰 금액을 받을 수 있기 때문이다.

3.

인도에서 장성자동차 도플갱어 찾기

결론부터 말하자면, 우리는 장성자동차의 도플갱어 종목으로 인도의 마힌드라&마힌드라 자동차(MM IN Equity)를 선택했다. 마힌드라는 1945년에 인도 뭄바이에 설립된 인도 4위 자동차 생산기업이면서, 전세계 최대 농업용 트렉터 회사이다. FY2024년 기준 매출액의 약 74%를 자동차 매출이 점유하고 있으며, 안정적인 현금을 창출하는 농업용 트렉터매출은 약 24%이다. 마힌드라&마힌드라는 그룹의 홀딩컴퍼니 역할을 겸하고 있어 재생에너지 사업, 생명보험 등의 계열사 지분을 보유하고 있다. 마힌드라자동차를 중국의 장성자동차와 유사하다고 판단한 가장 큰 이유는 이 회사가 SUV 생산에 집중하고 있기 때문이다. 중국에서 장성자동차가 SUV 판매 증가의 수혜를 입은 것처럼, 인도에서도 SUV 판매 비중이 증가하고 있는 상황에서 SUV 전문 마힌드라자동차가 혜택을 받을 수 있는 조건을 갖췄다고 볼 수 있다.

마힌드라자동차의 주가 상승 잠재력을 추정하는 방법은 가전 업종의 Voltas와 동일한 순서로 진행하도록 하겠다.

인도의 자동차 시장 성장 잠재력

가전 업종 사례와 마찬가지로 일단 중국의 자동차 시장이 2005년 이후 얼마나 커졌는지를 먼저 살펴보고, 인도의 현재 상황과 비교하겠다. 분석 기준 시점은 장성자동차의 1차 주가 랠리 시점인 2005년과 2015년을 사용했다. 기억을 되살리기 위해 중국의 사례를 표로 요약했다.

중국 사례	2005년	2015년	증가율
자동차 연간 판매량	397만 대	2,004만 대	5.0배
인구 천 명당 보유대수	33대	125대	3.8배

FY2024년 기준 인도의 자동차 시장 판매량 및 보유량이 중국의 2015년 수준까지 성장한다고 가정했을 때, 몇 배의 성장 잠재력이 있는지를 추정해 보면 다음과 같다.

인도 시장	FY2024년	중국의 2015년	증가율
자동차 연간 판매량	420만 대	2,004만 대	4.8배
인구 천 명당 보유대수	29대	125대	4.3배

출처: HSBC증권, Nuvama증권
※인도는 3월 결산으로 FY2024년은 2024년 3월 기준 직전 12개월 의미

제시된 표를 기준으로 판단할 때, 인도의 현재 자동차 판매량은 2005년 중국의 수준과 유사하고, 만일 중국의 2015년 수준으로 판매량이 증가한다면 현재보다 약 4.8배 커진 연간 판매량 규모를 기대할 수 있다.

인도의 SUV 자동차
비중 증가

중국의 장성자동차가 빠르게 시장 점유율을 높일 수 있었던 이유는 자동차 신규 판매량 중 SUV의 비중이 절반까지 상승한 시장 환경이 큰 몫을 했다. 인도 역시 SUV의 판매 비중이 증가하고 있으므로, 인도 자동차 시장의 종류별 구성도 살펴볼 필요가 있다. 다음 자료는 최근 인도의 자동차 종류별 판매 비중을 보여준다.

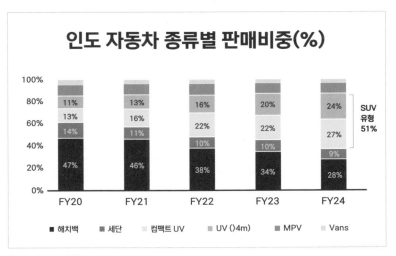

출처: Nuvama증권

인도 자동차 시장에서는 해치백과 세단으로 분류되는 승용차 형태의 차종 비중이 감소하고 있으며, 한국에서 SUV로 통칭하는 콤팩트 UV와 4미터 이상의 UV 비중이 크게 늘고 있다. FY2024년 기준으로 SUV 형태의 차종 비중 합계가 약 51%에 이르고 있어, 2020년의 24% 비중 대비 약 2배 증가했다.

소비자의 선호도 이외에도 인도의 차종 구성에 영향을 미치는 또 다른 요인은 세금이다. 인도의 자동차 구매 세율(GST: Goods and Services Tax)은 전기차의 경우 5%로 가장 낮고, 나머지 내연기관차의 경우 29%~50%까지 다양하다. 세금은 차량의 길이와 엔진 사이즈에 따라 달라진다. 4미터 이하 차량에는 29% 또는 31%의 세율이 적용되지만, 4미터를 초과할 경우 43%에서 50%까지 세율이 높아진다. 여기에 RTO로 불리는 번호판 발급을 위한 추가 세금과 보험료 등의 부대비용이 10% 후반대로 추가된다. 결국 공장 출하가(ex-factory)에 GST, RTO 등의 비용을 합치면 약 60%~70%가량 비싸진다. 따라서 SUV 형태의 중·대형차를 구매할수록 세금이 더 증가해 구매를 억제하는 효과가 있다. 그럼에도 불구하고 SUV 유형의 차량 판매 비중이 늘고 있다는 것은 이제 인도 소비자들도 '단순한 탈 것'에서 '승차감과 하차감을 중시'하는 소비구조로 변화하고 있다는 것을 의미한다.

역설적으로 이러한 높은 세금과 부대비용은 향후 정부가 자동차 판매를 촉진시키고 싶을 때 언제든지 사용할 수 있는 카드가 될 수 있다. 현재는 경제가 좋은 상황이라 필요 없겠지만, 향후 경기가 둔화하면 구매세를 낮추거나 일시적으로 면제하여 판매를 진작시킬 수 있다. 이는 한국과 중국 정부가 수시로 사용했던 수단이며, 인도 정부도 사용할 것이다. 세율이 낮아지면 억눌렸던 SUV와 중·대형차에 대한 수요도 풀릴 것이므로 추가적인 SUV 성장이 가능해지고, 이는 마힌드라자동차에 잠재적인 성장 요인이 될 것이다.

또한, 인도의 자동차 시장을 정확히 이해하기 위해서는 각 차종이 어떤 종류의 차를 가리키는지 파악해야 한다. 해치백, 콤팩트 UV, 4미터 이상 UV를 포함한 샘플 차종의 사진과 차량 제원을 요약했다.

1) 해치백 차량

위의 차량은 인도의 최대 자동차 시장 점유율을 보유한 마루티스즈키의 저가형 해치백 모델 사진이다. 가격대는 650만 원~980만 원대이며, 차량 길이는 3.5m, 엔진은 998cc 모델이다. 한국의 경차에 해당하며, 현재 인도 시장에서 주력인 차종이다. 대표적으로 택시 운행을 이 종류의 모델로 많이 사용하고 있다. 마루티스즈키가 시장 점유율 50%를 기록했던 이유도 이 해치백 모델 때문이고, 최근에 점유율을 잃고 있는 것도 해치백 때문이다. 시장의 수요가

좀 더 큰 차로 옮겨가는 과정에서 저가 경차 브랜드로 이미지가 굳어져 있는 마루티스즈키가 하락세를 맞고 있다. 참고로, 마루티스즈키가 잃고 있는 점유율은 거의 그대로 마힌드라와 타타모터스가 나눠 가지고 있다.

2) 콤팩트 UV(Utility Vehicle)

해당 차종의 샘플로는 현대차의 Exter라는 모델을 선택해 보았다.

이 콤팩트 UV의 세그먼트는 나름대로 SUV의 모습은 갖추었으나 차량 크기가 작은 모델들이다. 가격은 1천만 원~1,600만 원 수준으로 해당 세그먼트의 평균 수준에 속한다. 차량 길이는 3.8m이며, 엔진은 1,198cc이다.

같은 콤팩트 UV로 분류되는 차량 중에 마힌드라자동차에서 최다 판매량을 가진 Bolero라는 모델도 비교해 보았다.

해당 차종은 마힌드라자동차의 2023년 연간 총판매량 약 35만 대 중에서 10만 대를 차지한 최다 판매 차종이다. 다만, 동 모델은 시골 지역의 열악한 도로 환경에 적합한 차종으로 대부분 농촌 지역에서 판매된다. 차량 가격은 1,200~1,600만 원대이며, 차량 길이는 3,995mm이고, 엔진은 1,493cc이다.

3) 4미터 이상 UV

다음 차종은 한국의 일반적인 SUV와 유사한 4미터 이상 크기의 SUV 세그먼트이다. 아래 모델은 마힌드라자동차의 최고가 모델로 Scorpio라는 모델명의 제품이다. 마힌드라자동차의 약 35만 대 판매량 중 7.7만 대 정도의 판매량을 점유하고 있다. 동 차량은 마힌드라를 도시형 SUV 회사로 변신하게 하는 데 기여한 차종이다. 오프로드가 아닌 도시에 적합한 부드러운 승차감을 보유하되, 남성적 마초 기분을 낼 수 있는 디자인이 결합한 차종으로 마힌드라의 브랜드 이미지를 고급 브랜드로 인식하게 하는 데 크게 기여했다. 차량 가격은 2,200만 원~2,800만 원 수준이며, 차량 길이는 4.45m, 엔진은 2,184cc이다.

　인도에서도 상대적으로 큰 사이즈 차량인 UV류의 차종이 선호되는 이유는 가구당 구성원 수가 상대적으로 높은 인도의 특성과 연관이 있다. 한 가족의 평균 구성원 수가 4.4명이기 때문에, 한 차로 이동하기 위해서는 경차 사이즈의 해치백 모델보다는 UV 부류의 차량이 선호될 수밖에 없다. 사실, 가구당 구성원이 작아도 소득이 늘면 더 크고 고사양의 차를 찾게 되는 것은 인간의 기본 속성이기 때문에 너무 거창한 분석을 하지 않아도 다들 쉽게 이해할 수 있을 것이라 생각한다.

▎ 마힌드라자동차(M&M) 판매량

앞서 살펴본 바와 같이 UV 부류의 차종 비중이 증가하는 상황에서 SUV만 생산하는 마힌드라는 점유율을 높이는 데 매우 유리한 위치에 있다. 이는 중국에서 장성자동차가 SUV 붐을 타고 성장했던 상황과 유사하다.

다음 그래프는 인도의 전체 자동차 판매량과 주요 업체별 판매량, 시장 점유율을 보여준다. 2020년 마힌드라의 판매량은 약 18만 대에 불과했으나, 최근에는 46만 대로 증가했다. 전체 차량 판매량이 코로나19로 인해 일시적으로 감소했다가 다시 회복하고 있는 가운데, 마힌드라의 판매량은 더욱 빠르게 늘고 있다.

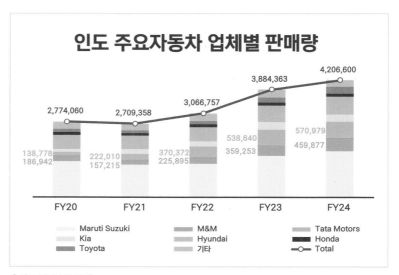

출처: NUVAMA 증권

점유율 그래프에서 볼 수 있듯이, 마힌드라자동차의 2020년 점유율은 6.7%였으나 FY2024년에는 10.9%로 상승했다. 타타모터스의 점유율은 5%에서 13.6%로 증가했으나 FY2024년에는 다소 주춤한 모습이다. 이 과정에서 가장 큰 피해자는 마루티스즈키 자동차이다. 소비자들의 수요가 더 큰 차량으로 옮겨가면서, 저가 경차 이미지로 성공한 스즈키의 점유율은 계속 하락하고 있다.

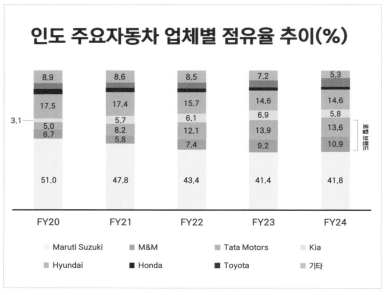

출처: NUVAMA 증권

인도 자동차 시장의 특징은 시장 발전 초기임에도 불구하고 이미 어느 정도 과점화된 느낌을 준다는 점이다. 2005년 중국의 경우 해외 브랜드 10여 개와 수십 개의 로컬 브랜드로 분산되어 있었던 반면, 인도는 이미 상위 7개 기업이 전체 시장의 90% 이상을 점유하고 있다. 이에 따라 중국의 2005년 당시보다 인도의 자동차 기업들은 업체당 생산량이 많다. 자동차 업종에서 단위 공장당 생산량이 대략 30만 대 정도에 도달해야 규모의 경제가 나온다는 점을 감안할 때, 인도의 자동차 회사들은 중국의 로컬 브랜드들보다 더 빠르게 규모의 경제에 도달할 가능성이 높다.

또 다른 특징은 로컬 브랜드인 마힌드라와 타타모터스의 합산 시장 점유율이 약 24.5% 수준으로, 2005년 당시 중국의 로컬 브랜드들이 난립했던 상황과 다르다는 점이다. 따라서 종목 선택에 별다른 고민이 없어 보인다. 중국의 사례처럼 로컬 브랜드들이 시간이 지날수록 외산 브랜드를 밀어내고 점유율을 높일 텐데, 이미 로컬 브랜드 간의 경쟁은 종료되고 국가대표 선수가 선발된 셈이기 때문이다.

참고로, 중국에서 현대차, 기아차 등의 시장 점유율이 급속히 감소한 이유를 사드 보복 때문으로 보는 견해가 있다. 하지만 내가 중국에서 지켜본 바로는 사드는 일종의 계기에 불과하고, 근본적인 원인은 아니었다. 근본적인 이유는 '가성비'로 승부하던 한국 브랜드들이 중국 로컬 브랜드의 '가성비'에 역전을 당했기 때문이다.

한국이나 일본의 가성비 브랜드들은 고전하고 있지만, BMW, 벤츠 등 럭셔리 브랜드들은 여전히 존재감을 유지하고 있다. 이를 감안할 때 인도 또한 로컬 브랜드들의 가성비 경쟁력이 올라오면서 럭셔리 브랜드를 제외한 해외 브랜드들의 점유율이 점차 감소할 가능성이 높다. 마루티스즈키는 경차에 집중하는 전략으로 인도 자동차 시장의 50%를 차지해 왔으나, 코로나 이후 마힌드라와 타타 모터스에 빠른 속도로 점유율을 내주었다. 앞으로도 당분간 이 추세는 지속될 것으로 보인다. 이렇게 볼 때 중국에서의 로컬 브랜드 약진 현상은 인도에서도 재현될 가능성이 높다.

▎평균 판매가격

현재 인도의 주력 판매 차종의 가격을 보면, 평균 판매가가 한국이나 중국에 비해 아직 많이 낮다는 사실을 확인할 수 있다. 경차 수준의 작은 차량 크기나 낮은 실내 사양을 보면, 인도인들에게 자동차는 그저 탈것의 목적에 충실한 상황이다. 그러나 이러한 낮은 평균 판매가격은 투자자에게는 좋은 기회다. 인도의 소득 수준이 상승하면 자연스럽게 자동차에서도 고급화 추세가 나타나고, 평균

단가가 상승할 것이기 때문이다. 이는 매출액의 더 빠른 증가로 이어질 것이다.

다음 자료는 신영증권에서 작성한 현대·기아차 리포트 중 인도 시장을 설명한 것이다. 인도의 평균적인 신차 판매 가격은 중국의 절반, 미국 등 선진국의 1/3 수준이다.

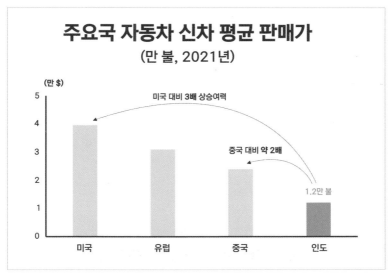

주요국 자동차 신차 평균 판매가
(만 불, 2021년)

출처: 신영증권 리포트

최근 들어 소비자들은 마힌드라를 상대적으로 고급 브랜드로 인식하기 시작했다. 특히, 마힌드라가 신규 출시한 대형 SUV의 경우 차량 가격이 2만불 중반에서 3만불 수준이며, 음성 인식을 통한 차량 통제, ADAS 레벨 2 옵션 등 다양한 신기술이 적용되었다. 이런 노력들이 마힌드라의 브랜드 이미지 개선에 영향을 주고 있다.

이 경우, 앞서 추정한 시장 전체 판매량 증가 가능성 5.1배에 마힌드라의 점유율 증가와 판매 단가 증가가 곱해지면서 마힌드라의 매출액은 더욱 빠른 속도로 상승할 것으로 예측할 수 있다.

▎ 마진율 개선

다음 그림은 마힌드라자동차의 영업 이익률 추이 및 증권사 전망을 보여주는 그래프이다.

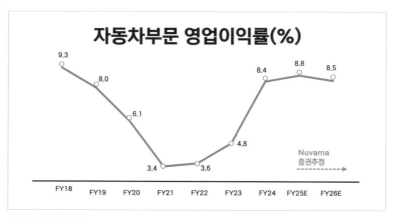

출처: NUVAMA 증권

2020년 이후 판매량은 증가했지만, 이익률은 큰 폭으로 하락했다. 주요 이유는 두 가지다. 첫째, 코로나19 이후 자동차용 반도체 등 부품 공급 부족과 철강 가격 상승 등 원자재 비용 상승으로 인한 원가 압박이다. 둘째, 전기차 연구개발과 생산에 따른 손실이 전통 차량의 마진율을 갉아먹었기 때문이다.

그림의 오른쪽 부분인 2024년 이후의 추정치는 현지 최대 로컬 증권사인 Nuvama증권의 애널리스트가 추정한 수치다. 다행히 2024년 이후부터는 원가 압박 요인들이 개선되고, 생산량 증가에 따른 규모의 경제 효과 등으로 마진율이 빠르게 회복될 것으로 보인다.

솔직히 말해, 마힌드라의 이익률이 몇 년 더 부진했으면 좋겠다. 우리가 싼 가격에 충분히 매수를 완료한 이후 본격적으로 개선되는 것이 최상의 시나리오이기 때문이다. 장기 투자자 입장에서는 지금 당장 회사가 좋아지는 것보다는 긍정적인 요소들이 누적되어 몇 년 뒤 한꺼번에 좋아지는 것도 나쁘지 않다. 장기 투자의 장점은 '언젠가 좋아질 회사'에 투자하는 것 아닌가.

| PER 변화

마힌드라자동차와 타타모터스 모두 적정한 수준의 PER을 판단하는 데 난이도가 높은 회사들이다. 마힌드라자동차는 그룹의 지주사 역할도 겸하고 있어서 자회사들의 지분 가치가 포함되어 있다. 따라서 주가에서 자회사 지분 가치를 떼어내야 자동차 사업에 대한 PER을 정확히 파악할 수 있다. 마힌드라자동차가 보유한 주요 자회사로는 Mahindra Lifespace(금융업), Mahindra Holidays & Resorts(호텔 체인), Mahindra Logistics(물류회사) 등이 있다. Nuvama증권의 자료를 인용해 자회사 가치를 따로 계산해 보았다. 자회사 중 상장 회사는 시가로 평가한 가치에 20% 할인을 적용하고, 비상장 회사는 최근 거래 가격에 30% 할인을 적용하여 추산한 지분가치 합계는 2024년 3월 말 주가의 약 25%를 차지하고 있는 것으로 평가된다.

결론적으로, 마힌드라의 자동차 사업 부문만의 PER은 10배 후반수준이다. 인도 시장 전체 PER이 20배 후반이라는 점을 감안할 때, 이 수준은 시장 평균 이하다. 향후 실적이 개선되면 PER 상승도 기대할 수 있다.

┃ 배당 수익률 복리 효과

중국의 가전 및 자동차 업종 샘플 종목들처럼 마힌드라도 성장 초기에는 배당 성향이 비교적 낮다가 성장 후반부로 접어들면서 배당 성향이 높아질 가능성이 크다. 마힌드라는 최근 5년간 약 20%의 배당 성향을 보여주고 있다. 그러나, 향후 점차 배당 성향이 높아지면서 배당 수익률에 의한 추가적인 총수익률 상승을 기대할 수 있다.

중국의 Gree전기와 장성자동차의 사례를 떠올리면, 배당 수익률의 복리 효과는 무시할 수 없다. 성장 초기 매수 후 성장으로 인한 주가 상승을 누리고, 이후 배당금이 기하급수적으로 증가해 투자 원금에 육박하는 배당을 매년 받을 수 있다. 인도의 소비재 종목에 장기투자를 강조하는 이유는 이 배당 수익률의 복리 효과 때문이다.

• 고급반 독자들을 위한 추가 정보

일반적인 투자자라면 여기서 그쳐도 되겠지만, 고급 레벨의 독자들을 위해 추가적인 사항을 설명하고자 한다. 너무 복잡하게 느껴진다면 넘어가도 무방하다.

1) 마힌드라 매출, 수익구성회사개요

마힌드라 자동차의 매출액 중 자동차 매출비중과 영업이익 비중은 지속적으로 증가하고 있다. 두 번째로 높은 비중을 점유하는 트랙터 사업은 인도 시장 점유율 50%에 육박하며 자동차 대비 두 배 정도의 마진율로 안정적인 현금흐름을 창출하고 있다. 여기에서 창출된 현금을 기반으로 자동차 사업의 성장에 투자를 하고 있다. 자동차 사업의 차종구성은 전부 SUV종류의 차종으로 구성되어 있어 최근의 SUV유형 인기 상승의 최대 수혜를 받고 있다.

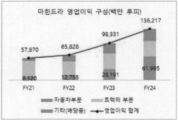

2) 타타모터스를 차선호 종목으로 선택한 이유

한국인들에게 타타모터스는 비교적 익숙한 이름일 뿐만 아니라, 인도의 전체 자동차 시장 점유율 3위, 로컬 브랜드 중에서는 1위를 기록하고 있다. 그런데, 타타모터스보다 조금 더 작은 마힌드라자동차를 우리는 최선호 종목으로 선택했다. 이에 대해서 의아해할 수 있어 간단히 설명하겠다.

결론부터 말하자면, 타타모터스의 인도 내수 자동차 사업 성장성은 매우 긍정적이다. 최근 몇 년간 타타모터스의 시장 점유율이 마힌드라보다 더 극적으로 늘어났고, SUV 시장에서 선전하고 있다. 타타모터스는 2008년 영국의 재규어&랜드로버를 인수해 랜드로버의 앞선 기술을 자체 브랜드 차량에 접목할 수 있는 기대감도 있다.

하지만, 인도 현지 애널리스트들의 투자 의견과 데이터를 종합해볼 때, 마힌드라가 더 나은 주식투자 수익률을 보일 확률이 높다고 결론지었다.

이유는 타타모터스가 자회사로 보유한 재규어&랜드로버가 주가 측면에서 단점으로 작용하고 있기 때문이다. 현재까지 영국 등 해외에서의 재규어와 랜드로버 판매 수익이 타타모터스 이익의 절대적 비중을 차지하고 있다. 이로 인해 타타모터스 전체 매출액에서 인도 내 매출액은 30%대에 불과하며, 나머지는 영국을 비롯한 글로벌 매출이다. 게다가 재규어&랜드로버의 이익 변동성도 높다. 영국의 브렉시트 이후 환율 및 실적 변동으로 인해 2019년부터 2022년까지 4년간 적자를 기록했으며, 이로 인해 타타모터스 전체 실적도 적자를 기록했다. 한마디로 꼬리에 몸통이 흔들린 격이다. 우리는 인도의 자동차 시장을 사려는 것인데, 타타모터스는 영국 자동차 시장의 영향을 더 크게 받는 것이다.

따라서 마힌드라가 인도 자동차 시장 성장 잠재력을 더 잘 반영하는 Pure Player라고 보았다.

3) 인도의 전기차 현황

나는 전기차에 대해 매우 긍정적으로 생각하고 있다. 인도도 언젠가는 전기차가 대세가 될 날이 올 것으로 예상한다. 하지만 이번 인도 컨슈머 파워 주식의 자동차 산업 분석에서는 전기차에 대한 기대감을 반영하지 않았다. 참고로 현재 전기차 침투율은 2% 정도 된다.

사실 마힌드라는 이미 폭스바겐과 BYD의 배터리 기술을 활용하여 전기차를 출시했고, 타타모터스는 현재 인도에서 팔리는 전기차의 80%를 점유할 정도로 전기차 시장의 선두를 차지하고 있다. 결과적으로, 전기차는 성장하겠지만 지금은 내연기관차의 보급률 확대에 투자 포인트를 맞추고, 전기차가 현실적인 대안이 될 때쯤 전기차의 성장성으로 투자 포인트를 조정해도 늦지 않을 것이다.

더 중요한 것은 인도에서 전기차가 확대되기 시작한다면, 결국 마힌드라자동차나 타타모터스가 상위권을 차지할 가능성이 높기 때문에 굳이 새로운 종목을 찾을 필요 없이 마힌드라를 보유하면 될 것이다.

4) 현대차 인도법인 상장 관련

책을 쓰고 있는 도중에 현대차 인도법인의 상장 뉴스가 공식화되었다. 현대차는 중국에서 가성비 전략이 로컬 브랜드들에게 역전당한 경험이 있기 때문에, 이번에는 인도에서 좀 더 현명하게 대처할 것으로 기대된다. 이미 기아차와 합산한 전체 시장 점유율에서 2위를 차지하고 있으며, 최근의 고급화 수요 증가에도 적절히 포지셔닝하고 있다.

상장 가격에 따라 달라질 수 있지만, 현대차 인도법인이 상장될 경우 일부 편입을 고려하고 있다. 우리의 기본적인 투자 전략은 가능한 한 포트폴리오 변화를 하지 않는 것이지만, 이런 신규 우량 종목 상장과 같은 이벤트에는 대응할 생각이다.

뭄바이 공항에 대기하고 있는 택시들의 모습.
모두 소형 경차로 향후 자동차 평균판매가 상승 잠재력이 있다는 것을 알 수 있다.

마힌드라자동차 최고급 모델 XUV70 전시 차량. 음성인식 통제,
ADAS 레벨2 등 최고급 옵션 장착가능 모델로
마힌드라 브랜드 이미지 개선에 큰 역할을 하고 있다.

타타모터스 전기차 Nexon 모델. 인도 시장 전체 전기차 침투율은 2% 수준이나, 이 중
70% 이상 타타모터스 점유에 기여하고 있는 모델이다.

헬스케어 업종
컨슈머 파워
도플갱어 찾기

인도의 소득이 증가하면서 성장할 업종을 생각해본다면, 가장 먼저 헬스케어를 떠올리는 사람들이 많을 것이다. 더위는 선풍기로 견딜 수 있고, 자동차는 오토바이로 대신할 수 있지만, 건강 문제는 다른 방법이 없다. 돈이 있어도 병원을 가지 않고 에어컨과 자동차를 사지는 않을 테니 말이다.

지금은 응급이나 중증 질환에 대해서만 의료비를 지출하지만, 소득이 늘면 삶의 질을 높이기 위한 의료비 지출도 증가할 것이다. 고혈압, 고지혈증, 심장질환, 당뇨 등 만성질환이 대표적인 예다. 의료서비스가 발전하면서 몰랐던 질병이 발견될 확률도 높아지고, 진단이 되면 평생 약을 복용해야 하므로 제약사의 VIP고객은 계속 늘어날 것이다. 소득이 더 증가하면 피부미용과 성형까지 이어진다. 의료가 죽을병을 고치는 것에서 더 나은 삶을 위한 의료로 성장하는 것이다. 또한, 인도의 평균 연령도 점차 증가할 것이므로 잠재적 환자 수도 늘어날 것이다.

이런 점을 고려해, 우리는 중국의 최대 안과 병원 체인인 아이얼안과를 인도의 장기 투자 대상 샘플 종목으로 선택했다. 인도의 도플갱어 종목으로는 인도 최대 종합병원 체인인 아폴로병원을 선택했다. 중국이나 인도 모두 의료비 지출에서 병원비 지출이 60% 이상을 차지하기 때문에 상장된 병원이 헬스케어 산업 성장의 최대 수혜주가 될 것이다.

제약회사 샘플 종목으로는 중국의 항서제약을 선택했다. 다만, 제약회사들은 회사마다 주력 제품이 달라 항서제약과 1대1로 인도의 제약주를 선택하기보다는 제약회사들 중 시가총액 상위 종목들을 그룹으로 묶어서 도플갱어 종목으로 선택했다.

1.

중국과 인도의
헬스케어 지출액,
의료수요 비교

헬스케어 시장의 보급률이나 매출액 증가 가능성을 가늠하기 위해 매크로 지표들을 활용해서 판단할 예정이다. 다음 그림은 헬스케어 산업의 보급률과 유사한 개념으로 사용할 수 있는 1인당 헬스케어 지출액 증가 추이를 중국과 인도로 비교한 것이다.

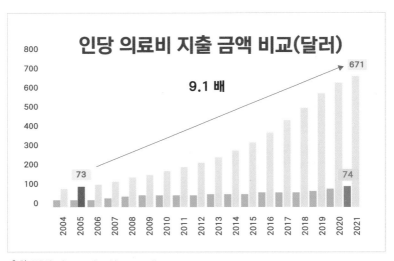

인당 의료비 지출 금액 비교(달러)

9.1 배

671

73

74

2004 2005 2006 2007 2008 2009 2010 2011 2012 2013 2014 2015 2016 2017 2018 2019 2020 2021

출처: WHO, Current health expenditure
　　 by revenues of health care in current US$ per capita

　2021년 기준 인도의 1인당 헬스케어 지출액은 74달러로, 2005년 중국의 73달러와 유사한 수준이다. 2021년에는 중국의 지출액이 약 9.1배 증가한 671달러까지 상승하면서 2005년 이후 연평균 14.8%의 속도로 증가하였다. 같은 기간 인도가 평균 약 6.4%의 속도로 증가한 것에 비해서 매우 빠른 속도이다.

　중국의 헬스케어 지출이 이렇게 빠르게 늘어난 가장 큰 이유는 의료보험의 확대 때문이다. 전체 14억 인구 중에서 의료보험 혜택을 받을 수 있는 인구수가 급격히 늘어나면서 더 많은 사람이 병원을 찾아 치료를 받을 수 있게 되었다. 반면, 인도는 아직 의료보험 가입자 비율이 높지 않아 의료비 지출 증가 속도가 소득 수준 증가 속도와 비슷하다. 이러한 관점에서 중요한 변수인 중국의 의료보험 가입자 보급률 증가 추이를 먼저 살펴보겠다.

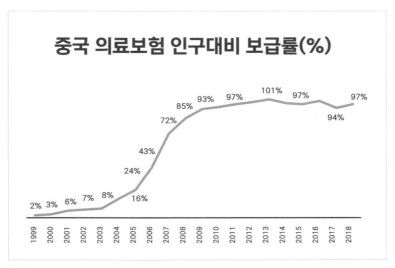

중국 의료보험 인구대비 보급률(%)

출처: WIND

중국의 의료보험 체계는 한국과 유사해서 직장 의료보험, 도시지역 의료보험, 농촌지역 의료보험의 3가지 정도로 구성되어 있다. 2000년대 초반만 해도 전체 의료보험 가입 비율이 10% 미만이었으나, 2010년 경에는 대부분의 인구가 의료보험에 가입해 혜택을 받을 수 있게 되었다. 이러한 빠른 의료보험 보급률 증가는 의료비 지출 증가로 이어졌다.

인도 의료보험 보급률 현황

다음 자료는 인도의 의료보험 가입 인구 비율을 나타낸 것이다. 인도도 정부공공, 직장, 개인 의료보험의 3가지 종류로 구성되어 있다. 2023년 기준으로 약 38.5%의 가입률을 보이고 있는데, 이는 중국의 2005년과 2006년 사이의 수준이다.

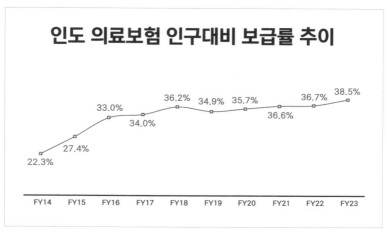

인도 의료보험 인구대비 보급률 추이

출처: IRDAI, HSBC증권

　최근 직장 의료보험이 증가하면서 인도의 의료보험 가입률이 증가한 점을 고려할 때, 향후 인도의 경제가 발전하면서 고용이 늘어날 경우 의료보험 보급률도 증가할 것으로 기대된다. 이와 함께 코로나19 사태를 겪으면서 인도인들도 병원의 중요성과 의료비 지출의 필요성을 더욱 인식하게 되었다. 따라서 의료보험 보급률의 추가적인 증가를 기대할 수 있을 것이다.

　관건은 인도의 의료보험 가입자 비율이 얼마나 빠르게 증가할 수 있는가이다. 보수적으로 인도의 GDP 증가 속도만큼의 의료비 지출은 기대할 수 있을 것이다. 이러한 판단의 근거는 GDP 대비 의료비 지출 비중의 변화 추이를 통해 확인할 수 있다. 인도와 비교할 만한 아시아의 이머징 국가들 모두 GDP 대비 일정한 수준의 의료비를 지출하고 있다. 다시 말해, 최소한 GDP 증가와 유사한 속도로 의료비가 증가한다는 것이다. 중국처럼 빠르게 의료비 지출이 증가한 국가들의 경우 자료에서 보듯이 GDP 대비 비율이 상승하는 것으로 나타난다.

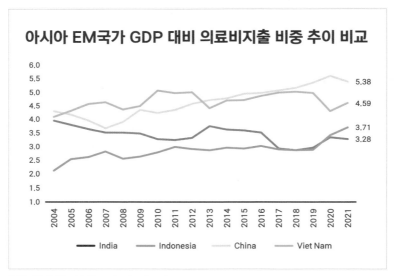

출처: World Health Organization Database

참고로, 다음 자료는 인도의 GDP 대비 헬스케어 지출 비중이 다른 선진국들과 비교해 어느 정도 수준인지, 어느 정도 증가할 여력이 있는지 가늠해 볼 수 있는 그래프이다. 조사기관이 달라 앞서 제시한 그래프 숫자와 약간의 오차는 있지만, 상대 비교로 사용할 수 있는 그림이다. 현재 인도의 GDP 대비 의료비 지출비율은 3%로 매우 낮은 수준이다. 인도의 GDP 자체가 빠르게 증가할 것이기 때문에 만일 이 비율이 상승한다면 의료비는 이보다 더 빠르게 증가하고 있는 것이다.

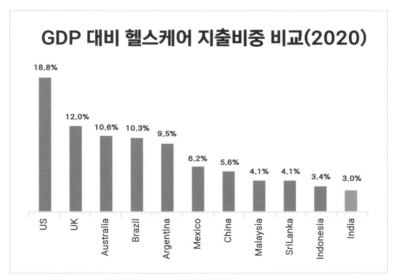

출처: Global Health Expenditure Database, CRISIL Research

2.

인도의
의료수요 증가 요인

  의료보험이 소비자들의 지출 능력에 관한 지표였다면, 다음 그림들은 수요 측면에서 인도의 인구 구조와 질병 발병 증가 가능성을 전망한 것이다. 첫 번째 그림은 연령별 인구 비중을 보여주고 있는데, 이를 요약하면 인도가 현재는 젊은 나라지만 결국에는 늙어갈 것이라는 점이다.

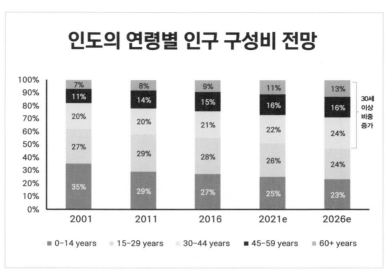

인도의 연령별 인구 구성비 전망

	2001	2011	2016	2021e	2026e
60+ years	7%	8%	9%	11%	13%
45-59 years	11%	14%	15%	16%	16%
30-44 years	20%	20%	21%	22%	24%
15-29 years	27%	29%	28%	26%	24%
0-14 years	35%	29%	27%	25%	23%

30세 이상 비중 증가

출처: Global Health Expenditure Database, CRISIL Research

　　나이가 들어감에 따라 그에 상응하는 의료 서비스에 대한 수요도 증가한다. 두 번째 그림은 향후 인도의 주요 만성 질병 발병량이 증가할 것이라는 전망을 보여준다. 헬스케어 업종에서 제약사 등의 매출 증가에 가장 큰 기여를 하는 요소는 만성 질병의 증가이다. 급성 및 응급 질병 관련 의약품의 경우, 발병 시 며칠간 약을 복용하고 나면 추가적인 복용이 필요하지 않다. 하지만 만성 질환은 한번 발병하면 거의 평생 약을 복용해야 하므로, 기존 환자에 신규 환자가 계속 누적되면서 시장 규모가 커진다.

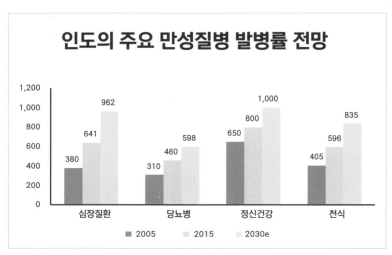

출처: The National Comission of India

3.
중국 헬스케어 대표 종목 '아이얼안과' 96배 총수익률 분석

헬스케어 업종의 중국 샘플 종목은 대표적인 주가 상승을 보였던 아이얼안과(300015 CH)이다. 한국에서는 병원의 주식 상장이 불가능한 일이기 때문에 생소할 수 있으나, 중국이나 인도 모두 민영 영리병원 운영이 가능하고 의사가 아니어도 병원의 주식을 보유할 수 있어서 상장 종목들이 다수 존재한다. 병원이 헬스케어 업종의 대표가 될 수 있는 이유는 다음 그림을 보면 이해할 수 있다. 인도의 의료비 지출 분야별 비중을 보면, 66%를 병원비가 차지하고 있다. 따라서 헬스케어 산업이 성장하는 경우 병원들이 가장 먼저 가장 큰 혜택을 받는다.

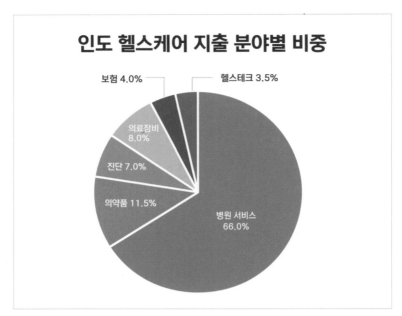

인도 헬스케어 지출 분야별 비중

보험 4.0%
헬스테크 3.5%
의료장비 8.0%
진단 7.0%
의약품 11.5%
병원 서비스 66.0%

출처 : CRISIL Research, 2020

아이얼안과 병원
주가 상승률 점검

 중국과 인도 간 병원 산업의 구조적인 차이를 살펴보면, 중국은
정부 주도의 공립 병원이 주축이 되어 있으나 인도는 민영 병원이
중심이다. 중국의 대형 병원, 유명 병원은 모두 공립 병원이다. 의
사들도 공립 병원에서 근무하고 경력을 쌓는 것을 선호하며, 환자

들도 공립 종합병원을 가기 위해 많은 시간을 대기한다. 반면, 정부 재정이 취약한 인도의 경우 늘어나는 의료 서비스 수요를 정부가 감당할 수 없어 민영 영리병원이 병원 산업의 주축이다. 의사도, 환자도 모두 민영 병원을 선호한다.

아이얼안과 개요

2001년에 설립되어 2009년 심천거래소에 상장했다. 2022년 기준 중국 전역에 약 200개의 안과 전문 체인 병원과 25,000명의 직원을 보유하고 있는 중국 최대 규모의 안과병원이다. 중국은 물론 유럽 최대 안과 병원 체인을 인수하여 스페인, 프랑스, 이탈리아, 호주 등에 76개의 병원을 보유하고 있다.

동 병원의 창업자는 의사가 아닌 사업가로 병원 설립 전 부동산, 테마파크 등 여러 사업을 시도했으나 실패하고 아이얼안과를 설립하여 성공한 케이스다.

중국의 상장된 병원이 헬스케어 소비 규모가 증가하는 동안 얼마나 높은 주가 상승을 보였는지 먼저 살펴보도록 하겠다. 중국의 공립병원은 상장을 하지 않기 때문에 주식시장에서는 특화된 민영 병원들이 대표적인 상승 종목 사례이다. 안과병원 체인점인 '아이얼안과'는 물론 치과병원 체인점인 '통책의료'도 상장이 되어 있고, 주가 상승률이 높다. 그중에서 아이얼안과의 경우 2009년 10월에 상

장하였으나 상장 이후 2021년 7월까지 주가 기준 상승률은 최대 86배, 배당 수익을 합산한 총수익률 기준은 최대 96배를 기록했다. 아이얼안과의 주가가 어떻게 96배의 상승이 가능했는지 가전과 자동차 업종에서와 동일한 방식으로 분해해 보고 인도의 도플갱어와 비교해 보겠다.

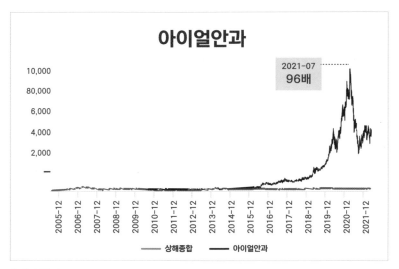

출처: 블룸버그

안과 업종 시장 규모 및
아이얼안과 점유율 추이

다음 자료는 중국 위생 건강 통계연감에서 발표한 중국 전체의 안과 전문 병원 수와 의료진(의사, 인턴, 간호사, 약사, 기사, 검안사 등 포함) 수를 보여주는 그래프이다. 2006년을 시작점으로 보면, 2020년까지 안과 의료진은 9,406명에서 60,180명으로 약 6.4배 증가했고, 안과 전문 병원 수도 204개에서 1,061개로 5.2배 증가했다. 병원당 평균 의료진의 수가 커졌고, 신규 병원일수록 규모가 큰 대형화가 진행되었다.

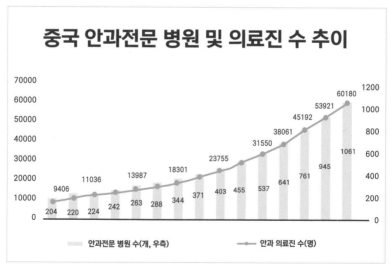

출처: 中国卫生健康统计年鉴, NHC(National Health Commission)

이렇게 안과 전문 병원의 시장 규모가 커지는 동안 아이얼안과 체인 병원 수도 함께 증가했다.

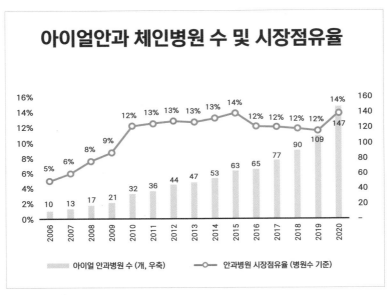

출처: UBS증권

아이얼안과의 경우 2009년 상장 전까지는 21개의 체인 병원을 보유하였으나, 상장 이후 2020년까지 병원 수는 147개로 약 7배 증가했다. 시장 전체 안과 병원 수 대비 점유율도 14%로, 상장 이전에 비해 약 2배 정도 증가했다. 고령화로 인한 백내장과 같은 응급 중증 환자의 증가는 공립 대형 종합병원에서도 수용이 가능하지만, 시력 교정술, 라식수술 등 더 나은 삶의 질을 위한 새로운 의료 서비스는 민영 전문 병원의 증가를 통해 충족되었다.

| 매출액 증가율 추이

아이얼안과의 빠른 체인점 확장으로 상장 이후 주가 고점을 기록했던 2021년 말까지 매출액은 약 24배 증가했다. 병원 수가 7배 늘어날 동안 병원당 규모와 가동률이 늘면서 환자 수는 12배 늘었고, 환자당 매출액도 약 1.8배 늘면서 매출액이 24배 늘어날 수 있었다.

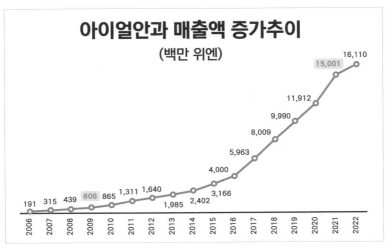

출처: UBS증권

여기서 중요한 점은 환자당 매출액이 1.8배 증가하면서 매출액 증가에 가속도를 붙였다는 점이다. 2009년 환자당 매출액은 약 682위안(원화 약 12만 원)이었으나, 2021년에는 환자당 1,237위안 (원화 약 23만 원)으로 거의 두 배 증가했다. 당연히 환자가 한 번 올 때 다양한 검사와 고가의 수술들을 더 많이 시행한 것으로 볼 수 있다. 이 점은 인도의 도플갱어를 분석할 때도 유용하게 쓰일 수 있는 병원 매출액 증가의 주요 변수이다.

❙ 이익률 변화

다음 자료는 아이얼안과가 2009년 상장한 이후 순이익률의 변화를 보여주는 그림이다. 상장 이후 신규병원 확대에 주력하느라 한동안 이익률이 하락했지만, 주가가 고점을 기록했던 2021년에는 다시 이익률이 19.5%까지 상승하며 2009년보다도 약 1.25배 증가했다. 예를 들면 이익률이 좋은 레이저 수술 비율을 높이는 등 매출 구조의 변화를 통해 이익률을 높일 수 있었다.

24배의 매출액 증가에 약 1.25배의 이익률 개선이 곱해지면서, 순이익은 2009년에서 2021년까지 약 31.5배 증가했다.

아이얼안과 순이익 및 순이익률 추이
(백만 위엔, %)

출처: UBS증권

┃ PER 변화

아이얼안과의 PER(주가수익비율) 추이를 살펴보면, 상장 이후 줄곧 매우 높았다는 것을 알 수 있다. 2009년 10월 상장 당시 PER은 약 31배로 시작했고, 그 이후에도 50배 이상의 높은 PER을 유지해 왔다. 중국의 상해 종합지수는 PER이 10배를 겨우 넘나들 정도로 전 세계에서 PER이 가장 낮은 시장임에도 불구하고, 아이얼안과에는 줄곧 시장 평균 대비 약 5배에 달하는 PER 프리미엄이 부여됐다.

이러한 헬스케어 섹터의 높은 PER은 다른 헬스케어 종목에서도 흔히 발견되는 특징이다. 고령화로 인해 의료비 지출이 불가피하다는 것을 중국인들이 미리 인지하고 주가에 기대감이 반영되었기 때문이다. 사람이 늙고 아파진다는 것만큼 확실한 미래는 없을 것이다. 따라서, 인도에서도 유사하게 헬스케어 섹터에 프리미엄이 주어질 가능성이 있다.

아이얼안과의 PER을 좀 더 살펴보면, 2021년 주가 고점 당시 PER이 거의 100배에 육박했다. 30여 배의 순이익 증가와 상장 시점보다 3배의 PER 상승이 있었으니, 주가는 약 90배 정도 상승할 수 있었다.

출처: 블룸버그

5장
헬스케어 업종 컨슈머 파워 도플갱어 찾기

4.

인도의
대표 종합병원
'아폴로병원(APHS IN)'

인도 주식시장에 상장된 병원 주식 중 가장 대표적인 종목은 아폴로병원(APLH IN)이다. 설립된 지 35년의 역사를 가진 이 병원은 인도의 거의 모든 헬스케어 영역을 커버하는 최대 규모의 종합병원 체인이다. 그리고 최대 규모의 약국 체인, 디지털 병원 서비스, 1차 클리닉(치과 병원, 혈당 관리 센터, 시험관 시술 센터, 투석 센터 등)을 보유하고 있다. 병원이 보유한 총 병상 수는 10,103개로 전국구 체인 병원이다. 참고로 서울대병원의 병상 수 합계가 약 1,800개인 점을 감안할 때, 아폴로병원은 약 5배 정도 큰 규모이다.

아폴로병원 매출액 구성
(백만 루피)

72,557 82,435 96,173 112,468 105,600 146,626 166,125

3,854 4,589 5,887 6,964 6,818 13,124 12,312

F18 F19 F20 F21 F22 F23

병원사업　　　AHL (디지털병원&약국체인)
AHLL (헬스&라이프스타일)　　　매출액 합계

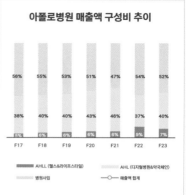

아폴로병원 매출액 구성비 추이

	F17	F18	F19	F20	F21	F22	F23
	56%	55%	53%	51%	47%	54%	52%
	38%	40%	40%	43%	46%	37%	40%
	6%	6%	6%	6%	6%	9%	7%

AHLL (헬스&라이프스타일)　　　AHL (디지털병원&약국체인)
병원사업　　　매출액 합계

출처: Morgan Stanley 증권

아폴로병원이 일반 종합병원과 다른 점은 전국 5,700여 개의 약국 체인을 보유한 '약국 & 디지털 병원 사업'을 병행하고 있다는 점이다. 오프라인 약국 체인을 오프라인 병원 및 온라인 디지털 병원과 연계하여 시너지를 창출하고 있다. 현재는 디지털 병원이 적자 상태지만, 향후 성장성이 매우 기대된다. 약국 사업에서 벌어들이는 현금을 바탕으로 디지털 병원을 성장시키고 있으며, 회사는 내년 말 경에는 흑자 전환이 가능할 것으로 예상하고 있다.

또한, 아폴로병원의 또 다른 특징은 AHLL 사업부(아폴로 헬스 & 라이프스타일 사업부)이다. 이 사업부는 치과, 시험관 아기 시술 센터, 당뇨 케어 센터, 진단센터 등 700여 개의 1차 클리닉 병원으로 구

5장
헬스케어 업종 컨슈머 파워 도플갱어 찾기

성되어 있다. 중국의 아이얼안과 같은 전문병원이 아폴로병원에서는 하나의 사업부에 불과한 셈이다. 특히, '헬스 & 라이프스타일'이라는 이름에서 알 수 있듯이 이 사업부는 응급 및 중증 환자보다는 삶의 질을 향상시키기 위한 의료서비스를 제공하는 데 중점을 두고 있다. 인도인들의 소득이 늘어남에 따라 이 분야의 수요가 더욱 빠르게 증가할 것으로 기대된다.

이제부터는 아폴로병원의 주가 상승 여력을 추정하기 위해, 앞서 살펴본 중국의 아이얼안과의 주가 상승 변수들을 중심으로 비교해 보도록 하겠다. 아이얼안과의 주가 상승 요인 중 가장 큰 부분은 병원 수의 확장과 환자당 매출액의 증가였다. 이 두 가지 요인을 중심으로 아폴로병원을 분석해 보겠다.

아폴로병원의 병원 수 및 병상 수

아폴로병원은 종합병원으로 응급 또는 중증 환자 수술이 주요 매출원이기 때문에 병상 수로 병원의 생산능력과 시장 점유율을 측정하는 것이 합리적이다.

이를 위해 WHO에서 찾을 수 있는 2020년 기준 인구 1만 명당 병상 수를 기준으로 주요 국가와 비교해 보았다. 인도의 병상 수는 만 명당 15개로 베트남의 26개보다도 낮으며, 중국의 43개와 비교해도 크게 낮은 수준이다. 베트남 수준까지만 증가한다고 가정해도 현재보다 약 2배 정도의 병원 및 병상 수의 증가가 필요하다고 판단할 수 있다.

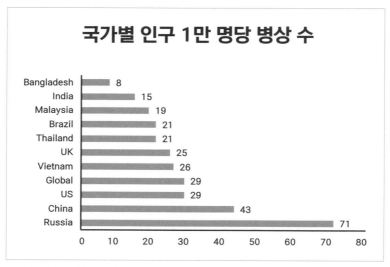

출처: World Health Organization Database, CRISIL MI&A Research

5장
헬스케어 업종 컨슈머 파워 도플갱어 찾기

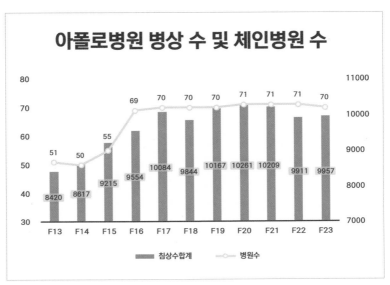

아폴로병원 병상 수 및 체인병원 수

출처: Morgan Stanley증권

하지만 아폴로병원은 2017년 이후로 추가적인 병상 수 증가가
없어서 병원 전체의 생산능력이 정체된 듯한 느낌을 받았다. 이에
대한 우리의 질문에 아폴로병원 경영진의 답변은 다음과 같다.

1) 2015년부터 병상 수를 빠르게 확대한 후 신규 병상들에 대한 램
프업(Ramp-Up) 기간이 필요했음. 새 병원들의 가동률을 높이고 안정
화 단계에 들어갈 때까지 일부러 추가적인 병상 수 확대를 자제함.

2) 이 와중에 코로나19도 발생하면서 병원의 안정화에 시간이 걸렸으나, 이제 병상 가동률도 65% 수준에 도달해 안정화 단계에 들어섰다고 판단함.

3) 따라서 추가적인 병상 2천 개 정도를 신설할 계획을 시작함.

4) 향후에도 이러한 신규 병상 확대와 안정화를 병행하며 생산능력을 확대해 나갈 것임.

5) 병상 수 확대 외에 병상 가동률은 아직 60% 중반으로, 이론적으로 보는 최대 수준인 80%까지 추가적인 매출 증가 요인이 있으며, 같은 병상이라고 해도 일반 병실과 고급 병실 등의 구성 개선으로 단위당 매출이 증가할 수 있음.

6) 진료 과목의 최적화나 고가 수술 비중 확대 등을 통해서 매년 평균적으로 10% 중반의 병상당 매출액 증가를 지속할 수 있다고 봄.

이러한 경영진의 이야기를 바탕으로 판단한다면 병상 수의 확대는 지속될 것이고 단순한 병상 수 확대 외에 가동률, 수술 종류의 다양화, 병상 고급화 등의 다양한 매출 증대 방법이 있는 것으로 보인다. 그러므로 아폴로병원의 성장성에 대해 너무 걱정할 필요는 없을 듯하다.

┃ 환자당 평균 매출액

　병원의 병상 수가 에어컨이나 자동차의 판매량에 해당하는 볼륨 관련 변수라면, 평균 판매단가에 해당하는 변수는 '환자당 매출액'이다. 앞서 살펴본 중국의 아이얼안과의 경우, 병원 수가 7배 증가하는 동안 환자 수는 12배 증가했고, 환자당 매출액은 약 1.8배 증가했다.

　아폴로병원도 앞으로 더 큰 성장을 기대할 수 있는 부분은 환자당 매출액이다. 회사에서도 환자당 매출액 증가를 통한 성장 동력을 강조했듯이, 동일한 환자 수라도 로봇을 활용한 수술이나 새로운 기술이 적용된 고가의 수술 비중을 높여 매출액을 증가시킬 수 있다.

출처: Morgan Stanley증권

실제로 아폴로병원의 10년간 입원 환자 수와 병상당 일평균 매출액은 지속적으로 증가해 왔다. 병상 수 증가가 정체되었던 2017년 이후에도 매출액은 꾸준히 상승했다. 환자 수는 연간 31만 명에서 54만 명으로 약 1.74배 증가했고, 병상당 일평균 매출액은 21,724루피에서 51,668루피(원화 약 85만 원)로 2.37배 증가했다. 이는 하루를 입원해도 더 비싼 수술을 받은 환자들이 늘어났다는 의미이다. 병상당 매출액 증가를 위해 아폴로병원은 인도 최대 규모의 로봇 수술 시스템과 아시아 최고 수준의 사이버 나이프를 활용한 암 수술 시설, 640 slice CT 장비 등을 보유하고 있다. 이는 모두 더 비싼 수술 비용을 받기 위한 시설이다.

또 하나, 환자당 매출액이 증가할 수 있는 이유는 인도에서 행해지는 수술의 절대 단가가 글로벌 국가들과 비교해 매우 저렴하다는 점이다.

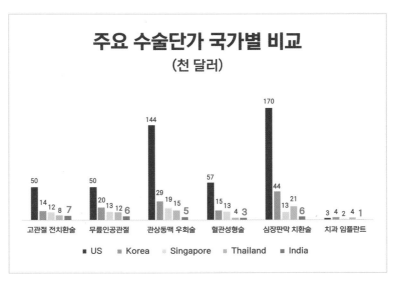

주요 수술단가 국가별 비교
(천 달러)

출처: CRISIL MI&A Research

　　주요 국가별 수술 비용을 비교한 그림을 보면, 압도적으로 비싼 미국은 제외하더라도, 인도의 수술 비용은 태국 등 국가들보다도 저렴하다. 실제로 인도는 영어로 의사소통이 가능하다는 장점 덕분에 의료 관광이 활성화되고 있다. 의료 관광 활성화 자체도 중요하지만, 인도의 의료서비스 단가가 그만큼 낮다는 것이고, 이는 소득 증가와 함께 상승할 여지가 충분하다는 것을 의미한다.

| 마진율

아폴로병원의 이익 구성을 보면, 아직은 병원 매출이 절대적이다. 나머지 사업은 적자를 겨우 면하는 수준이다.

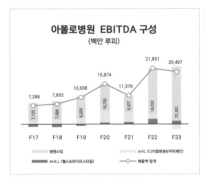

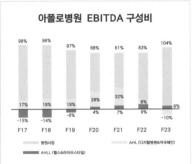

출처: 모건스탠리 증권

약국 체인의 경우 새롭게 시작하는 디지털 병원을 약국 체인에 합쳐 놓았기 때문에, 디지털 병원의 적자를 떠안는 상황이다. 하지만, 앞서 회사 경영진의 전망대로 조만간 BEP(break-even point, 손익분기점)를 달성할 경우 회사 전체 이익 증가에 기여하게 될 것으로 보인다. 여기에 AHLL 라이프스타일 사업부의 경우에도 아직 이익의 규모 면에서는 부족하나 규모가 커질수록 이익률이 개선되면서 기대감을 키우고 있다.

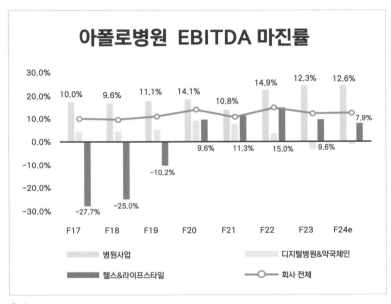

아폴로병원 EBITDA 마진률

출처: CRISIL MI&A Research

위의 데이터는 이러한 상황을 종합해서 보여주기 위한 사업 부문별 EBITDA 마진율이다. EBITDA 마진율이란, 감가상각비를 반영하기 이전의 마진율로 현금 흐름에 더 가까운 이익률로 생각하면 된다. 병원은 초기에 건물, 시설 등 대규모 투자가 필요한 관계로 감가상각비 비중이 높아서 투자 초기 이익률이 낮게 잡힌다. 따라서, EBITDA 마진율을 사용해 이러한 왜곡이 없는 마진율을 비교하는 것이다. 그림에서 보는 바와 같이 병원 사업은 20% 중반의 EBITDA 마진율을 보이고 있으나, 다른 사업부의 부진으로 회사 전체 마진율은 10%를 겨우 넘기고 있다.

중국의 아이얼안과를 비교해서 판단할 때, 아이얼안과는 상장 이후 지속적으로 20% 중반에서 30% 수준의 EBITDA 마진율을 보여주고 있으며, 순이익률도 10% 중반에서 최근 20%까지 상승했다. 이러한 상황을 고려하여 아폴로병원이 장기적으로 다른 사업부들의 이익률이 정상화된다고 가정할 경우, EBITDA 마진 기준으로 두 배 정도 개선된 20% 중반을 달성할 것으로 추정해 본다.

│ PER 변동

다음 자료는 아폴로병원의 연말 기준 PER인데 비교적 높은 수준으로 보인다. 인도 시장 전체 평균 PER이 20배 후반인 점을 감안해도 평균 대비 2배 이상 높은 수준이다. 중국 아이얼병원도 시장 평균 10배 정도밖에 안 되는 중국 시장에서 상장 후 지속적으로 50배 전후의 높은 PER을 적용받았다. 이 점을 감안할 때, 인도도 헬스케어 섹터에 프리미엄이 주어지고 있다고 볼 수 있다. 따라서 다소 높은 수준의 PER을 헬스케어 섹터 자체의 특징으로 보아도 될 듯하다.

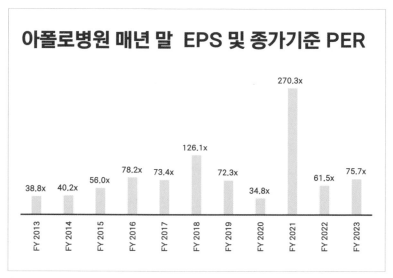

출처: 블룸버그

다만, 이미 높아져 있는 현재의 PER 수준에 추가적인 상승을 기대하는 것은 무리이므로, 아폴로병원의 경우 PER의 상승으로 인한 추가적인 주가 상승 가능성은 작다고 보는 것이 합리적인 추론이다.

| 기타 사업의 잠재력

나는 개인적으로 아폴로병원의 종합 병원 사업 외에도 AHLL(헬스&라이프스타일) 1차 병원 체인에 대한 기대감이 더 크다. AHLL 사업은 치과, 시험관 시술, 당뇨 전문 병원 등 다양한 1차 전문 병원으로 구성되어 있으며, 이는 중국의 아이얼안과와 치과 병원 체인으로 유명한 통책의료 등 여러 전문 병원 체인이 합쳐진 것과 동일한 사업 모델이다.

아이얼안과의 경우, 안과 전문 병원이라는 하나의 진료 과목으로 2021년 주가 최고점 당시 시가 총액이 약 원화 72조 원까지 상승했다. 치과 병원 체인으로 유명한 통책의료(600763 CH)는 시가총액 최고점 당시 25조 원을 기록했다. 아폴로병원의 AHLL 사업부에는 안과는 아직 없지만, 치과, 시험관 시술, 당뇨 케어 센터 등 다양한 전문 병원 클리닉들을 운영하고 있다. 안과 도입도 언제든 가능하다. 이러한 전문 병원 사업에 더해 더 큰 규모의 종합병원 체인을 별도로 운영하는 회사이다.

그런데 현재 아폴로병원의 시가총액은 원화로 약 13조 원 수준이다. 아이얼안과 1개 체인 병원 시가총액이 72조 원까지 도달했던 것을 감안할 때, 아폴로병원의 시가총액이 13조 원이라면 너무 낮다고 느껴진다. 안과병원과 치과병원은 아폴로병원의 입장에서는 하나의 사업부 정도에 불과하기 때문이다. 따라서, 아이얼안과의 사례를 고려할 때 현재의 시가총액에서 추가적인 상승 가능성이 충분하다고 보여진다.

기타 병원 후보 종목들

인도에는 약 8개의 병원이 상장되어 있으며, 종목마다 조금씩 특성이 다르기 때문에 한 종목에 집중해서 투자하기보다는 여러 종목에 고르게 분산하는 것이 헬스케어 분야의 다양한 성장 기회를 기대할 수 있다. 특히 인도 현지의 Nuvama증권 헬스케어 애널리스트는 아폴로병원 다음으로 큰 종합병원 체인인 Maxhealth를 강력히 추천한다. Maxhealth는 KKR에 인수됐다가 경영 효율을 극대화한 덕에 다른 병원들의 경영 효율성 목표 샘플이 된 회사이다. 비록 KKR은 주가 상승과 함께 3년 만에 매각했으나, 기존 경영진이 계속 경영을 맡고 있어 효율성 극대화의 표본 역할을 지속하고 있다. Maxhealth의 병상당 평균 매출액은 아폴로병원 등 다른 인도 병원들보다 1.5배 정도 높으며, 병상 가동률도 75% 정도로 높다. 회사 측은 추가적인 효율 개선의 여지가 줄어들면서 이제는 소규모 병원 인수 등을 통해 2배 정도의 생산능력 확대를 계획하고 있다.

5.

중국 샘플 업종
'항성제약' 총수익률
166배 분석

마지막으로 살펴볼 중국 헬스케어 업종의 주가 상승 사례는 제약 회사의 대표 주자인 항서제약이다. 제약회사는 개별 종목마다 주력 제품이 다르기 때문에 항서제약의 사례를 인도에 1대 1로 적용하기 보다는 인도 제약 업종의 특징을 고려하여 여러 개의 제약사들을 그룹으로 사는 것이 현실적이다.

항서제약은 2005년 말 이후부터 2020년 말까지 166배의 주가 상승을 보여주었다. 극단적인 가정으로 상해 종합지수의 사상 최고가였던 2007년 10월 2일에 투자했다고 하더라도, 약 34배의 주가 상승을 확인할 수 있다. 이는 헬스케어 산업의 구조적인 성장으로 주식시장 하락을 극복한 사례이다.

출처: 블룸버그

▎매출액 증가율

 항서제약의 매출액은 2005년 11.8억 위안에서 2020년 말 256억 위안으로 약 21.7배 상승했다. 매출액 증가를 주도한 것은 항암제 매출이었다. 제약사들은 몇 개의 주력 제품을 보유하고 있으며, 이들 제품의 성장이 회사의 전반적인 매출을 이끄는 형태를 보인다. 항서제약은 특히 항암제 신약 개발의 효과를 톡톡히 보았다.

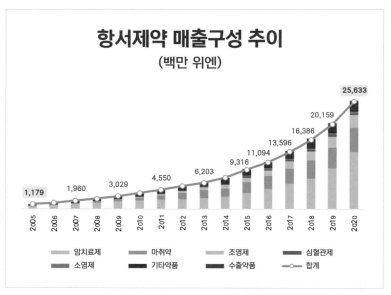

출처: UBS증권

5장
헬스케어 업종 컨슈머 파워 도플갱어 찾기

순이익 및 순이익률 추이

　순이익률은 2005년 14%에서 2020년 23%로 1.64배 상승했고, 순이익은 1.62억 위안에서 63.1억 위안으로 39배 상승했다. 성장 초기 단계에서는 기존 특허를 보유한 약들의 복제약인 제네릭 약품을 통해 매출과 수익을 일으킨 뒤, 여기에서 벌어들인 수익을 연구개발에 집중 투자 했다. 이를 통해 추가적인 제네릭과 항암제 신약, 바이오 시밀러까지 지속적으로 제품을 업그레이드하면서 성장할 수 있었다.

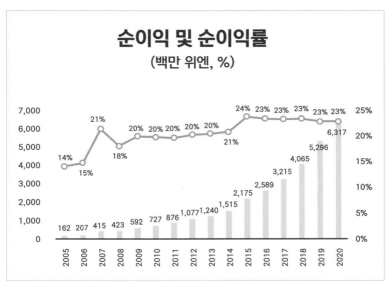

출처: UBS증권

| PER 변동

중국 헬스케어 종목들의 특징은 PER이 지속적으로 시장 평균보다 매우 높은 수준에서 거래된다는 점이다. 항서제약도 평균적으로 30배 이상, 특히 주가 최고점을 기록했던 2020년 말에는 94배의 PER이 적용되면서 추가적인 주가 상승을 이끌었다.

2005년 말 PER은 가장 낮은 수준인 23배로 시작했기 때문에, 앞서 살펴본 39배의 순이익 상승에 4배의 PER 상승이 더해져 160배라는 엄청난 주가 상승을 기록할 수 있었다.

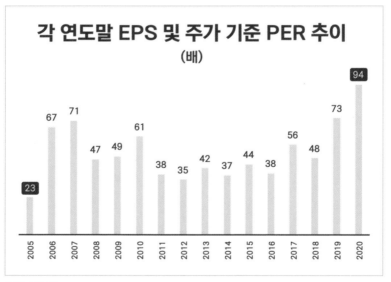

출처: 블룸버그

6.

인도 제약주
특징 비교

 인도 제약주들은 한국이나 중국 등 다른 국가들의 제약주와 조금 다른 특징이 있다. 이에 관해 설명하도록 하겠다.

1) 인도 제약주들은 미국으로의 수출 비중이 상당히 높다. 종목마다 차이가 있기는 하나, 상위 제약사들의 경우 미국 등 수출 비중이 보통 절반을 넘는다. 인도가 미국 제약회사들의 생산공장 역할을 하기 때문이고, 이에 따라 미국의 제약업 소비 경기에 영향을 크게 받는 편이다.

2) 인도의 제약주들은 신약 개발을 아직 시도하지 않고 있으며,

제네릭(복제약) 위주의 매출이 대부분이다. 그런데 인도의 제네릭은 미국, 한국, 중국 등 다른 나라들과 몇 가지 측면에서 다르다.

- 다른 나라의 일반적인 제네릭은 성분과 제조 방식, 효능이 동일한 의약품을 의미한다. 특허가 만료되면 해당 동일한 특허를 사용해 그대로 복제해서 만드는 것이 복제약(제네릭)이기 때문이다.

- 하지만, 인도의 경우 제네릭도 브랜드를 따진다. 의사들이 처방할 때도 성분명으로 처방하기보다 약품의 브랜드로 처방하고, 소비자들도 브랜드를 먼저 인식하고 약품을 구매한다.

- 이러한 특이한 상황이 발생하는 이유는, 인도 FDA에 통일된 규정이 없고 지방 정부별로 관리하기 때문에 제네릭 제품 간에도 품질과 효능이 균일하지 않기 때문이다.

- 결과적으로 의사나 소비자들도 상대적으로 품질이 우수할 것으로 예상되는 대형 제약사의 제네릭을 선호하고 신뢰할 수밖에 없기 때문에 브랜드가 중요하게 되었다.

- 또한, 제약사들은 이러한 브랜드 파워를 강화하기 위해 마케팅을 하거나, 의사들에게 리베이트 또는 각종 인센티브를 제공해 자사 제네릭을 처방하도록 유도한다.

- 결과적으로, 인도의 제약업은 브랜드 파워를 보유하고 더 많은 마케팅비용을 지출 할 수 있는 대형사가 더 유리한 환경으로 이미 큰 회사가 더 성장할 가능성이 더 높다.

3) 제약사들은 의약품의 중간 유통 채널이 중요하다.

- 인도의 의약품 유통 채널은 지역별로 세분되어 전국적으로 약 5만 여 개의 유통망이 존재한다.

- 유통 채널이 가져가는 마진은 전체 약값의 3%~10% 수준이며, 제약사는 20%~25% 정도를 가져간다.

- 유통 채널의 장악력도 당연히 대형사가 유리하다.

4) 정부의 약값 통제력이 약한 편이다.

- 의료보험 적용 의약품 중에서 20% 정도의 필수 의약품은 정부의 약값 통제를 받는다. 보통 항생제 등 진료에 필수적인 의약품들이 대상이다.

- 하지만, 나머지 80% 정도의 의약품은 정부가 약값를 통제하지 않기 때문에 제약사들이 자율적으로 약값를 정할 수 있고, 이는 제약사들이 적정한 마진을 확보할 수 있음을 의미한다.

이런 인도 제약사들의 특징을 고려할 때, 현재 기준으로 시가총액이 큰 대형사들을 여러 종목에 균등하게 분산투자 하는 것이 가장 좋은 투자 방법이다.

아폴로병원 나비뭄바이 병원 로비 전경.
마치 호텔 로비와 같이 세련되고 깨끗한 분위기다.

나비뭄바이 소재 아폴로병원 운영 약국 전경

아폴로병원 West India CEO 일행

인도 제약사 Cipla 본사 로비

어떻게 투자할 것인가?
현실적인 투자 방법

　이 책을 쓰면서 가장 조심스러웠던 점은, 혹시라도 이 글을 읽고 당장 언급된 종목들을 매수하면 다음 날부터 쉬지 않고 주가가 수십 배, 수백 배씩 오를 거로 생각하는 독자들이 있을까 하는 것이었다. 물론 그렇게 단순하게 생각할 독자들은 없겠지만 말이다. 지난 25년간 주식 매니저 생활을 하며 한 가지 분명한 것은, 언제 어떤 주식을 사더라도 내가 그 주식을 사는 순간부터 불안하고 걱정스러운 주식으로 변한다는 것이다. 사기 전에는 그렇게 훌륭해 보이고 자신 있어 보이던 종목도 막상 내 손에 들어오면 그때부터는 하락할 걱정만 남는다.

아마 우리의 인도 종목들도 앞으로 많은 등락과 여러 고비를 넘기며 울퉁불퉁한 산길을 올라간다고 생각하는 것이 맞을 것이다. 특히, 인도 종목들을 분석하면서 딱 한 가지 아쉬웠던 점은 PER이 비교적 높은 편이라는 점이다. 이 종목들을 처음 보고 난 이후 분석을 하고 책을 쓰는 사이에 주가가 계속 상승했기 때문이기도 하다. 아직 아무도 이 종목들의 진가를 모르고 있다가, 우리가 다 산 뒤에 알려지기를 바랐지만 아쉽게도 그렇지는 않은 것 같다. 따라서, 만일 이 종목들을 사자마자 주가가 계속해서 오른다면, 그건 순전히 그 독자의 운이 좋았던 것이며 그런 운은 매번 반복될 수 없다.

진짜 중요한 것은 이 주식들을 성과가 충분히 나올 때까지 어떻게 하면 오래 보유할 수 있는지다. 여기에 언급한 중국 주식뿐만 아니라 한국에 상장된 많은 주식들도 수십 배, 수백 배 상승했으나, 그 회사의 오너들 외에는 그 상승을 온전히 누린 사람은 거의 없다. 딱 하나의 차이는 오너들은 주식을 팔고 싶어도 못 판 사람들이고, 우리는 언제든지 팔 수 있었던 사람들이라는 점이다.

장기 투자 하라는 이야기를 들으면, 나는 과거에 한국 국가대표팀이 한일전 경기를 할 때 해설자들이 가장 많이 했던 말이 떠오른다. "정신력이 약해졌어요. 더 끌어올려야 해요"라는 말이다. 정말 정신력만이 문제일까? 감독이 좀 더 세밀하게 전술을 지도해야 하는 것 아닌가? 하는 생각이 들 때가 많았다. 투자의 경우도 마찬가지다. 주식 전문가들이 매수한 뒤 묻어 놓고 장기휴가를 가라는 등 투자자들의 정신력을 강조하는 조언을 많이 한다. 그러나 피 같은 돈이 하락하고 있을 때 정신력으로만 버티는 것은 쉽지 않다. 나 역시 이런 미사여구만으로는 장기 투자를 독려하는 데 한계가 있다고 생각한다. 좀 더 현실적이고 구체적인 방법을 이야기하는 것이 도움이 될 것으로 생각하여 다음과 같은 개인적인 생각을 전해본다.

첫 번째로, 앞서 언급한 종목들을 모두 사야 할지, 다 산다면 비중은 어떻게 나눠야 할지, 그중에 하나만 산다면 어느 종목을 사야 할지 등 여러 고민이 들 수 있다. 이 고민에 대한 해결책은 여러 종목을 다 사되, 제일 괜찮아 보이는 두세 종목의 비중을 좀 더 높이는 것이다. 대신 처음 생각했던 비중을 유지하는 것이 매수 후 별다른 매매 없이 계속 들고 가거나, 시장 타이밍을 맞추기 위해 종목별 비중을 계속 조절하는 것보다 우수한 결과를 가져올 확률이 높다. 실제로 이를 검증하기 위해 다양한 시뮬레이션을 돌려보았다. 결과적으로 가장 좋은 수익률을 보인 방법은 **"일정 비율로 분산 투자하되, 정기적으로 리밸런싱을 해서 최초에 정했던 비중으로 되돌려 놓는 것"**이었다.

분산투자를 할 경우 정확히 최고의 종목을 맞추려고 욕심을 부리지 않아도 된다. 그냥 최고가 될 것 같은 종목들 몇 개를 나눠서 사면 된다. 어차피 같은 좋은 업종 내에 있는 종목들이면 최고의 종목이 아니어도 충분히 좋은 수익을 낼 것이기 때문이다.

그리고 정기적으로 리밸런싱을 하는 것은 자연스럽게 단기에 급등한 종목을 좀 팔고, 덜 오른 종목을 더 사는 결과가 된다. 이를 정기적으로 반복하다 보면, 급등해서 비중을 줄인 종목이 다시 급락할 때 다시 사게 되는 효과가 생긴다. 즉, 비쌀 때 조금 덜어내고 싸질 때 다시 사는 효과가 자동으로 나타날 수 있다. 특히, 중국처럼 시장의 등락이 심하고 추세 상승이 아닌 박스권인 경우에는 이런 효과가 더 크며, 편입된 종목 간 주가 사이클이 달라서 서로 엇갈려 등락할수록 이 효과가 더 커진다. 이를 '섀넌의 도깨비 효과'라고 한다.

다시 정리하면, 한 종목에 집중적으로 투자하지 않고 분산하되 정기적으로 리밸런싱하는 것이 최선의 방법이다. 아직까지는 개인들이 인도의 개별 종목을 마음대로 매매할 수 없기 때문에 이러한 투자 방법으로 구성된 ETF를 사는 것이 유일한 방법이다. 그래서 이런 전략으로 종목을 구성하고, 리밸런싱 원칙을 지켜 운용하는 ETF를 직접 만들기로 한 것이다.

두 번째로, 장기 투자를 위한 현실적인 조언을 한다면, 일반 계좌보다 퇴직연금, ISA계좌 같은 과세 이연과 장기 투자가 기본이 되는 계좌에서 투자하는 것을 추천한다. 이 방식은 많은 전문가들이 추천하는 방법이기도 하다. 여기에 하나의 아이디어를 더하자면, 자녀나 손주들에게 미리 현금을 증여해 아이들 명의의 계좌에서 장기 투자를 하게 되면, 증여세도 줄일 수 있고 향후 자녀들이 목돈이 필요할 때까지 자연스럽게 장기간 보유할 수 있는 이점도 있다.

마지막으로 가장 궁금해할 현실적인 문제는 '매수 시점'이다. 이에 대한 답은 이미 많은 전문가가 이야기했다. 그냥 아무 때나 목돈이 생겼을 때 사거나, 적립식처럼 기계적으로 나눠서 사라. 제일 좋은 것은 매수할 때 언제든 하락할 수 있다는 사실을 염두에 두고 이를 견딜 각오로 사거나, 하락할 때를 대비해 추가 매수 계획을 세워놓고 사는 것이다. 그렇다고 하락할 때까지 안 사고 버틸 생각도 버리는 게 좋다. 경험적으로 볼 때, 내가 사기 전에는 절대로 안 떨어진다.

이런 동네 아저씨 같은 이야기를 하는 이유는 주식을 언제 사야하는지에 대해 나조차도 모르기 때문이고, 좋은 타이밍에 살 생각은 애당초 포기하고, 좋은 주식을 살 생각만 하자는 것을 강조하기 위해서다. 지금까지 살펴본 샘플 종목들은 중국 같은 최악의 주식시장 환경에서도 수십 배 상승을 보여준 종목들이다. 인도는 투자자들의 주식시장 경험치나 정부의 규제 정도에서 중국에 비해 훨씬 더 시장 친화적이고 성숙한 투자 문화를 가지고 있다. 1인당 GDP가 2,400달러밖에 안 되는 나라에서 벌써 적립식 장기 투자 문화가

정착해 있고, 주식시장 시가총액은 한국과 유사한 GDP 대비 100%의 비율에 도달해 있다. 우리가 기대하는 종목들이 중국의 샘플 종목들과 유사한 성장성을 보인다면 인도 주식시장에서의 성과는 훨씬 좋을 것으로 예상된다.

우리가 이번에 소개한 인도의 컨슈머 파워 종목들은 투명한 유리로 만들어진 선물 상자라고 생각한다. 장기 투자를 하라고 하면서, 선물 상자 안에 무엇이 들어있는지 전혀 예측할 수 없는 불투명한 상자를 준다면 누구도 오래 버틸 수 없다. 하지만, 속이 훤히 들여다보이고 이 종목들이 얼마나 성장하고 있는지를 알 수 있다면, 일시적으로 주가가 하락하거나 부정적인 뉴스가 나와도 훨씬 덜 불안하게 느껴지고 좀 더 오래 들고 갈 수 있다.

우리는 장기적인 트렌드 측면의 변화에 집중하면서 선물 상자 안의 종목들이 어떻게 되고 있는지 계속해서 알려주려고 노력할 예정이다. 이런 과정을 통해 좀 더 오래, 좀 더 많은 수익을 함께 만들어 갈 수 있기를 기대해 본다.

| 면책 선언

이 책에 인용된 투자 참고 및 예측 자료는 신뢰할 수 있다고 판단되는 각종 자료와 통계 자료를 이용하여 작성된 것이다. 그러나 이는 참고 자료일 뿐이며, 자료와 정보의 정확성과 완전성을 보장할 수 없고, 향후 결과에 대한 보증이 되는 것은 아니다. 이 책의 어떤 내용도 투자 조언이나 특정 상품에 대한 매매 권고, 혹은 투자에 대한 권유로 해석되어서는 안 된다.

이 책은 객관적인 정보 제공을 목적으로 하였으며, 이 책에서 예시한 투자 전략이나 주식들은 향후 변경될 수 있다. 여기서 논의된 모든 투자 테마나 아이디어는 미래의 전망이고 특정 가정에 근거한 것으로, 미래의 수익을 보장할 수 없다.

도움 주신 분들

이번 책은 중국의 사례를 분석하고 이와 유사한 인도의 주식을 찾고, 두 나라에서 모아진 데이터를 분석하고 시뮬레이션하는 과정이 필요했다. 따라서, 그야말로 한국, 중국, 인도의 3개국에서 도움을 주었다. 가장 먼저는 나와 함께 12년간 근무했던 중국 상해사무소의 애널리스트들이 중국주식의 분석을 도와주었고, 인도의 종목을 발굴하는 것은 인도 현지의 HSBC증권, NUVAMA 증권 애널리스트들이 자신들의 기업분석 모델도 흔쾌히 내어줄 만큼 적극적인 도움을 주었다. 그리고, 이렇게 모아진 데이터를 분석하고 다양한 케이스의 시뮬레이션을 도와준 한투 본사 해외비지니스본부 직원들의 도움이 있었다. 도움을 준 분들에게 감사를 드리며 그들의 노력이 좋은 투자성과로 결실을 맺을 수 있기를 기대해 본다.

인도 컨슈머 파워,
새로운 미래를
선점하라

초판 1쇄 발행   2024. 8. 16.
    2쇄 발행   2024. 10. 22.

지은이 현동식
펴낸이 김병호
펴낸곳 주식회사 바른북스

편집진행 김재영
디자인 김민지

등록 2019년 4월 3일 제2019-000040호
주소 서울시 성동구 연무장5길 9-16, 301호 (성수동2가, 블루스톤타워)
대표전화 070-7857-9719 | **경영지원** 02-3409-9719 | **팩스** 070-7610-9820

•바른북스는 여러분의 다양한 아이디어와 원고 투고를 설레는 마음으로 기다리고 있습니다.

이메일 barunbooks21@naver.com | **원고투고** barunbooks21@naver.com
홈페이지 www.barunbooks.com | **공식 블로그** blog.naver.com/barunbooks7
공식 포스트 post.naver.com/barunbooks7 | **페이스북** facebook.com/barunbooks7

ⓒ 현동식, 2024
ISBN 979-11-7263-070-6 03320